말꽃 3집

2025 전원문학회

말꽃 3집

김호길 구자운 최인호 손국복 양용직 김상출
최정혜 양 곡 문차용 정준규 이문섭 조구호
김기원 이영달 양동근 류준열 김재경 김형점

좋은땅

차 례

머리말 ………………………………………………… 6

1. 시

1) 김호길 ……………………………………… 10
2) 구자운 ……………………………………… 24
3) 최인호 ……………………………………… 32
4) 손국복 ……………………………………… 40
5) 양용직 ……………………………………… 50
6) 김상출 ……………………………………… 64
7) 최정혜 ……………………………………… 72
8) 양곡 ………………………………………… 80
9) 문차용 ……………………………………… 92
10) 정준규 …………………………………… 104

2. 수필

1) 이문섭 …………………………………… 116
2) 조구호 …………………………………… 130

3) 김기원 ··· 142

4) 이영달 ··· 158

5) 양동근 ··· 170

6) 류준열 ··· 186

7) 최정혜 ··· 198

8) 김재경 ··· 210

9) 김형점 ··· 222

3. 평론

1) 조구호 ··· 234

편집 후기 ··· 257

말꽃 3집을 내면서

 말꽃 3집을 낸다. 맹렬한 전리품이다.
 그 옛날 역전의 열여덟 문학 용사들이 의기투합하여 또 책을 묶는다. 기쁜 일이다. 청춘 시절 멋모르고 그냥, 글 읽고 쓰는 것이 다른 그 무엇보다 멋있고 낭만적인 모습으로 보여 끼적이며 지내온 날들이 어느덧 이순을 넘고 고희를 넘어 산수의 세월이 되었다.
 어떤 이는 사업가로 혹자는 교육자로 누군가는 언론인으로 정치인으로 살아온 궤적. 그 장구한 세월 속에 그래도 문학의 끈 하나 놓지 않고 지탱해 준 님들이 대단하다.
 글을 만지고 쓰면서 던지는 질문이 '내가 이 글을 왜 쓰나?' '이 쓴 것이 무슨 소용이랴?' '다 헛짓이랴'고 되뇌면서도 끝내 손 놓지 못하고 버팅기며 지금에 이른 이유가 무엇일까? 저마다 다른 사연이 있겠지만 그중에 대충 공통된 의견으로 글은 자기 내면의 치유요, 표현의 대리만족이며 소통의 창구라는 점에 대부분 동의한다.
 본격적으로 글에 매달리는 시점에 이르러서야 '아! 글쓰기가 어렵다. 글은 함부로 써서는 안 되는구나. 내 글에 책임을 져야지.' 하면서 멈칫거려 본 적이 모두 얼마나 많았을까? 그럼에도 불구하고 용감한 우리 문학 용사들은 객기에 가까운 용기를 내어 또 한 권의 작품집을 상재한다. 자화자찬으로 큰 박수를 보내고 싶다.
 부디 건강하게 살아남아 기력이 닿을 때까지 작품집이 계속 나오기를 소망해 본다. 이번 호에 작품을 싣지 못한 낙오한 용사들은 다음 4호 전투에 모두 참전을 바란다.

   3호 작품 모집과 편집 출판까지 모든 실무를 맡아 고군분투한 정준규 용사에게 각별히 고마운 마음 전한다.

2025. 초가을 해누리에서

전원문학회 소임 손국복 쓰다.

1. 시

김호길 편

- 돛배마냥 가고 있다
- 그런 시
- 내 영혼의 나침판
- 읍내 산성 옛길을 걸으며
- 구름에 관한 명상
- 울어라 울어라 새여
- 길
- 태종대 갈매기
- 연(蓮)
- 로뎅의 손
- 거울을 보며

멀고 먼 파라다이스

이제 우리는 이 시조시단의 거장이 남긴 자전을 통해 그가 걸어온 한 시대를, 이민자로서 겪은 번민과 영예의 삶을, 그리고 시인으로서 이루어온 언어예술의 성취를 동시에 바라볼 수 있게 되었다.

- 문학평론가 유성호 -

김호길

1963년 개천예술제 제1회 시조백일장 장원
1963년 전원문학동인회 〈전원〉 발간에 참여
1965년 율시조 창립동인
1967년 시조문학 3회 천료
시집: 하늘환상곡, 절정의 꽃, 사막시편, 모든 길은 꽃길이었네 등
수상: 현대시조문학상, 시조시학상, 유심작품상, 팔봉문학상 등1963년 개천예술제 제
 1회 시조백일장 장원

돛배마냥 가고 있다

바람은 어디로 와서 어디론가 가고 있고
구름도 지향 없이 돛배마냥 가고 있다
별무리 운행을 닮은 그도 어디로 가고 있다

그런 시

손바닥 안에 넣고
염주처럼 굴리고 싶은
가슴속 몰래 감추고
보배처럼 쓰다듬고 싶은
그런 시
그런 시 찾아
불면의 밤을 새운다

내 영혼의 나침판

내 영혼의 나침판은
늘 고향을 가리키네
분하고 아름답고
처절하고 가슴 아픈
그 바늘 가리키는 곳
그곳이 고향이라네

읍내 산성 옛길을 걸으며

사람은 바람처럼 왔다가는 지나가고
옛길에는 천년 고목이 아름드리 서 있네
옛사람 추억을 되새기며 그 길을 걸었네
사는 게 무언지 나도 바람이 되는 걸까
휘파람 날리면서 혼자 걷는 길에는
우수수 낙엽이 날려 한 생각을 깊게 하네
할아버지 할머니 아버지 그리고 어머니
그리고 일가친척 어디론가 다 떠나고
성(城) 하나 횃불이 되어 내 가슴에 남아 있네

* 읍내 산성은 사천시 사천읍 중앙에 위치한 산성으로 옛날에 동서남북 문이 있어서 그 읍성에서 사람이 살았다. 포구나무 등 천년세월 고목들이 우뚝 서 있고 수양루라는 누각이 중앙에 있다. 수양루에는 옛 시객들의 시문이 즐비하다.

구름에 관한 명상

저 하늘 흐르는 구름
있는 거냐 없는 거냐
없는 듯 있는 존재가
너 밖에 또 있는가
이 세상 형상(形狀)은 모두
바람이요 구름이라네
인생이 무엇이냐
풀잎에 이슬일레
있는 것 다 사라지네
구름처럼 사라지네
뜬구름 무상(無常)이라고
일러 주고 있다네

울어라 울어라 새여

무한 창공 그 하늘 위
점이 되어 폴폴 날아라
구름 위에 또 구름 산
열두 폭 병풍 속을
금가루 은가루 흩뿌리듯
노랫소리 흩뿌려라

길

모래이랑 덤불 숲속
홀로 길을 내며 다녔는데
나중에 가는 길은
신작로 위를 가고 싶네
그 길은 지옥 가는 쪽
많은 사람 가는 길로

태종대 갈매기

숙아, 네 이름 부르면
내 가슴에 비가 내린다
태종대 갈매기가 된 너
눈물 같은 비가 내린다
빗속에
멀리 멀리 날아가는 너
내 가슴에 눈물이 내린다

연(蓮)

연밭 속에는 연들이 꽃봉오리를 올렸다
사람들은 무엇에 홀린 듯 우루루 몰려들었다
화안히 드높게 세상을 불 밝히는 꽃이여

로댕의 손

몇천 번 몇만 번을 그리고 또 그렸다
드디어 무심에 닿는 마지막 손이 되어
우주를 만지는 그 손 영원 속에 닿았네

거울을 보며

무심히 바라보니 내 몰골 말이 아니네
검버섯 거뭇거뭇 죽은 깨가 스멀스멀
한 팔십 실린 세월이 덕지덕지 솟아오르네

죽은 고목에도 새순이 돋아나듯
영혼은 늘푸른 청청 푸른 잎을 피우는데
아직도 철부지 소년 휘파람 불고 가네

구자운 편

- 존재와 무
- 더위 먹다
- 기린
- 박꽃
- 옛날 진주역에서

임학(林學)을 전공한 박사 시인으로서 풀과 나무에 대해 쓴 시가 이미 300편을 넘어 시집을 내고도 남음에 목원시집(木園詩集) 특집《풀과 나무》를 요즘 대세인 전자책으로 내게 되었다.

— 구자운, 책머리글 〈시인의 말〉 —

구자운

충남대학교 대학원 농학박사(1985)
진주고등학교 졸업 38회(1968)
산림청 국립산림과학원 과장 역임
『목원(木園)시집』 발간 시인 등단(1991)
계간 지구문학 한국창작문학 잡지에 시 다수 발표
산림문학회 회원, 남강문학회 회원, 전원문학회 동인
시집:『목원(木園)시집』1~5권,『풀과 나무』

존재와 무

존재는 살아 있다
무는 이미 죽었다

안 보인다고 없는 게 아니다
안 들린다고 없는 게 아니다

시간을 점유했던 인간이 죽으면 사라진다
공간을 점유했던 인간이 죽으면 없어진다

더위 먹다

안 그래도 더워 죽겠는데
오죽이나 먹을 게 없어서
개도 안 먹는 걸 다 먹나
콩국수라도 해 먹지 않고

기린

용의 머리
사슴의 목
소의 꼬리
말의 발굽

박꽃

끝도 없는 풀벌레 소리로 이어지는
초가을 농촌 들녘의 적막한 곳에서
저물녘부터 밤이 새도록 피어 있는
푸르무레한 고혹의 흰빛을 내뿜는
달빛에 비춰는 초가지붕 위의 박꽃

옛날 진주역에서

옛날 진주역이 음식점으로 바뀌고
개양역이 진주역 된 것도 모르고서
진주역에서 만나기로 한 첫사랑을
언제나 오나 무턱대고 기다리자니
안타까운 마음은 녹아서 물캐진다
한여름 날의 밀림 아이스께끼처럼

최인호 편

- 백운골
- 겁외사
- 금강산
- 마른장마
- 사오공빠

이제 더불어 사는 이의 짐을 벗어난 이쪽에서 현실과 자연을 새롭게 가다듬는 데로 이르렀으면 좋겠다. 삶이 늘 꽃그늘 아래서 즐길 수만은 없는 것 아닌가. 새로운 마음의 일을 찾고 이웃들의 삶과 함께할 수 있으면 다행이겠으나 아직은 그저 바람일 뿐이다.

- 시집 뒷말 중에서 -

최인호

물 건너 다녀오는 이들이 많은데, 나도 이 가을엔 모잠비크나 다녀올까. 별스레 무덥던 여름을 탈 없이 넘긴 것은, 돌아온 그대 접동새 덕분이라. 불~꾹, 불~꾹 쓰라린 울음소리로만 만나다 오늘, 목을 부풀리고 풀며 우짖는 너를 보니 놀랍고 즐겁구나. 두견이·귀촉도·불여귀·자규들 여름새야 늦기 전에 채비하자, 길이 멀다.

1974년 졸업. 74년 〈시문학〉 천료. 시집으로 〈가슴 작은 이를 위하여〉(89) 〈그해 오뉴월 불가락지〉(2011) 〈바람의 길목에서〉(2016) 들이 있다. 2020년 〈시조문학〉 작가상을 받으면서 시조를 쓰고 있다.

백운골

돌림병에 쫓기어 백운골 돌아드니
동녘 치고 서녘 쓸어 달려온 바람
골짝물 너럭바위에 갈잎 되어 듣누나

겁외사

겁외사 가는 길은 멀고도 가까운 길
오늘은 고개 넘어 물 건너니 닿는 길
어디서 겁 밖을 보랴 예가 바로 거긴걸(말꽃으로)

금강산

온 해에 한 번씩 터럭으로 쓸어서
금강산 닳고 닳아 없어져야 한 겁이라
저 금강 언제나 한번 쓸어 보러 갈꺼나

금강산 가는 길 멀면 당겨 가서들랑
솜털로 쓸고 쓸어 다 닳릴 적 언제런가
노마가 가로막으니 가도 쓸도 못 하네

마른장마

아이고 숭악해라 이런 더우 처음 본다
한낮에 길거리 사람 하나 볼 수 없어
그늘막 무더위 쉼터 나들이도 어려워

아이고 우짜꼬 날 데리러 네가 왔나
고맙긴 하다마는 콩밭 들깨 말라 가니
장마도 마른장마에 쉼터인들 편할까

사오공빠*

겨울비 맞으며 주막 찾아 걷다가
이 집은 어떤가 사오공빠 들어서니
저 홀로 좌판을 벌여 술 마시는 놈 있다

주인장가 물었더니 자기도 손이라며
안주는 못 대 주니 알아서들 마시란다
저마다 눈불 켜고서 얼씨구나 좋다구나

소주 맥주 끌어내어 탁자에 진설할 새
한쪽엔 선화당 물 주전자 불붙이고
커피 알 갈아설랑은 탕국 장사 벌이데

합천 진해 먼 길 갈 놈 양탕국 홀짝이고
가르시아 마르케스 책장 속의 고독이라
갑갑지 오랜만이다 도현 수경 불러내

주인장 고상하다 곤드레를 하다가
이 집 좋다 또 오자며 길 나서니
추적비 내리는 밤에 여관방이 아쉽더라

* 23년 12월15일 저녁 3차로 김진숙, 손국복, 류준열, 정준규, 이문섭, 문차룡, 조구호 들이 찾아 놀던 주막. 술집치고 라그랑 주점 아닌 곳 있으랴만!

손국복 편

- 국제결혼
- 세계 테마 기행
- 투표
- 그리운 두레 밥상
- 333333
- 합천 운석 충돌구
- K시인의 자서전
- 영암사지 가는 길

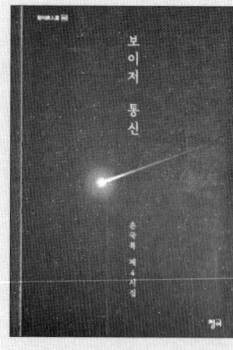

보이저 통신

우주에서 지구, 즉 사람을 보는 것은 시인의 알레고리다. 그런 시선의 전환을 통해 '별'이란 추상에서 우리 생의 객관성을 획득한다.

- 시인 이달균 -

손국복

허공에 던지는 실체 없는 언어. 바람처럼 빛처럼 소리처럼 스러지는 빛바랜 고백을 혼자서 중얼거리다 멋쩍어 별에게 덮어 씌우고 그래도 허전하여 몰래 심어 보는 말꽃. 다 사라지리라.

〈문학공간〉 신인상, 경남문협 시분과위원장, 한국문협 정회원, 합천문인협회장, 합천예총지회장, 합천교육장 역임
시집: 〈그리운 우상〉, 〈산에 묻혀〉, 〈강에 누워〉, 〈보이저 통신〉

국제결혼

베트남 자두 커플 헝가리 아니타
필리핀 아나벨 러시아 예나 러브
이국땅 발붙여 사는 별에서 온 그대들

황인종 백인종 까만 피부 사피엔스
색깔은 달라도 사는 것은 매한가지
인생은 어디론가 흐르고 또 흘러

생각이 다르고 언어가 불통이라
눈치 보며 적응하랴 매사가 눈물바다
보듬어 다독이다 보면 어느새 한 가족

우리와 다르다고 함부로 괄시 마라
이방인 그에게도 부모 형제 고향 있어
가난이 죄가 되어 이국만리 건넜을 뿐

인생사 별것 있나 정들며 사는 거지
어차피 가는 길은 공수래 공수거
한 소절 휘파람 불며 고향별로 가는 것을

세계 테마 기행

누구는 히말라야 산중에 태어나고
베르베르 사하라 모래 언덕 살아가네
아무도 알 수 없는 숙명의 탄생 업보

아열대 적도에서 사할린 극지까지
티비에 소개되는 세계의 테마 기행
작은 별 푸른 지구에 사람살이 각양각색

사계절 뚜렷하고 젖과 꿀이 흐르는 땅
부지런히 일하면 일용양식 걱정 없는
한반도 우리의 조국 축복이고 감사하지

투표

굽은 곳을 바로잡고 막힌 곳은 뚫어 내는
거꾸로 가는 세상 한숨이 가득한 땅
민심을
바로 세우는
총보다 강한 저항

민심이 천심이다 똑바로 해라 위정자여
총칼로 할 수 없는 조용한 무혈 혁명
새하얀
백지에 던진
최후의 붉은 결기

그리운 두레 밥상

히틀러에 학살당한 가여운 유대인
이스라엘 나라 짓고 겨우겨우 살아가다
그 아픔 언제 잊었나 불바다 뛰어드네

굶주린 가나안 땅 무슬림 팔레스타인
어제의 혈맹 동지 시아파 이란까지
저 혼자 살아가련지 피바다 집중 포화

얽히고설킨 역사 유대와 무슬림 고리
동족의 피비린내 육이오 전쟁까지
죄 없는 저 민중들만 까닭 모를 닭 죽음

민중의 생존 앞에 진영 논리 필요 없다
진보니 보수니 좌파우파 무슨 소용
식탁에 두레밥 먹고 오순도순 살고 싶어

333333

멀리도 달려왔다 까마득한 시간들
자가용 계기판에 삼삼삼삼 숫자들
무거운 내 몸을 싣고 어디로 싸돌았나

지구 둘레 사만 킬로 여덟 바퀴 돈 거리
아찔한 장거리를 달려 온 나의 애마
거룩한 바퀴와 핸들 무한 경배 올린다

기념으로 사진 한 장 고마워서 스킨십
내 나이 칠십 줄에 사사사사 그려 보며
혼자서 빙긋이 웃는 고속도로 휴게소

합천 운석 충돌구

떠돌이 별 하나 땅으로 돌진하여
거대한 충돌구 만든 신비한 별똥별 터
한반도 최초 유일 합천 운석 충돌구

구석기 오만 년 전 하늘엔 천둥번개
섬광이 번쩍이자 산천초목 숨죽인다
불벼락 마른하늘에 쏟아지는 별똥비

어디서 날아 왔나 거대한 바윗덩이
평탄한 산하를 순식간에 뒤집어 낸
우주의 비밀 파묻은 태초의 상전벽해

검게 탄 들판에 다시 도는 새 생명
꽃들이 피어나고 강물이 길을 연다
저 하늘 숱한 별들은 또 어디로 흘러가나

그 흔적 또렷하다 합천 운석 충돌구
아이는 꿈을 줍고 어른은 기를 받는
우주의 대기운 뭉친 별천지 꿈의 요람

K시인의 자서전
—'멀고 먼 파라다이스'

진주농대 입학하여 항공대 비행사로
월남전 참전 후 대한항공 조종사로
마침내 멕시코 사막 큰 농부 된 K시인

저마다 살아온 길 험하디 거친 세상
낯선 땅 악의 무리 딛고 선 고난의 삶
이제사 꽃길이라고 한숨 쉬는 K사장

돌아보면 아득하다 사구아로 사막의 길
해 뜨는 아침이면 살았구나 안도하는
생사를 넘나들던 피투성이 전장 터

조금만 힘들어도 포기하는 필부필부
내 탓은 어디 가고 남 탓 핑계 변명하는
한심한 버릇 던지고 허리띠 졸라맨다

영암사지 가는 길

황매산 영암사지 신라 고찰 금당 터
대웅전 떠받치던 쌍사자 석등 처량한데
도량찬 철쭉에 묻어 진홍으로 타오르네

비바람 눈보라에 절도 중도 사라지고
지나는 나그네 발길 천년을 헤적이면
억새는 흰 손 흔들며 염화시중 미소 짓네

세월의 탁류 앞에 문명은 부질없다
인걸은 스러지고 돌탑도 무너진다
무진장 은하수 물결 도도히 흐를 뿐

양용직 편

- 매실을 담그다
- 지혜의 숲
- 집 안에서 걸어간 거리
- 표해시말
- 구례 산수유꽃

그래, 나를 여기까지 데리고 왔구나
절뚝거리며 곁에 서 있는 시를 본다
아픈데도 내색하지 않고 잡을 손을 흔든다
고맙다 시야!

― 시인의 자서 중 일부 ―

양용직

1992년 한국문학 신인상으로 등단.
저서: 〈불멸의 눈꽃〉, 〈불빛을 말하다〉, 〈아랑〉
e-mail: la5931@naver.com

매실을 담그다

유리병을 씻는다
깨끗함은 스스로를 여는 일
병 속에 귀를 대면 어떤 날의 격렬함을 들을 수 있지
은빛 빗방울들이
아직도 나를 두드리고 있는 것 같지
줄기들은 빛을 머금으려
공중으로 끝없이 팔을 내밀었지
유리병이 건너왔을 불꽃처럼
꼭 청춘 같은
어쩌다 욕망에서 깨어나 울던
한 움큼씩 병의 바닥에 깔리는 푸른 빛들
한 알씩 매만져 보면 알지
그 안에 들어 있는 속엣말
이제는 버리기보다
꾹꾹 눌러 호흡을 다지고
좁고 내밀한 틈을 지나기 위해
유리병 벽에 붙은 싯푸른 뺨과
채곡하게 쌓인 시큼한 향기를 껴안을 시간이지
흐르는 시간이 향기로 물들고
우려낸 향기 너머 울음 나도록 그윽해질 때까지

기다리고 있을
비로소 청춘을 온전히 품은 내 모습

지혜의 숲

가로수 그늘 건너
도서관 입구로 6월 더위가 숨어든다
내 안의 무명이 걸어가다 훅 빨려 들어간다
어디서 놀라면 나는 감청빛이 되는데
천정까지 솟구친 책장 직벽 아래 앉은 사람은 미동이 없다
차분해지려고 다른 각도로 내부를 살핀다
숨소리처럼 발을 올려 여리게 발자국을 찍는다
그래도 소리는 나는데 소리는 책 속으로 스며서
소리 없는 풍경처럼 실내 공간이 맑게 울린다
책을 꺼내든 맥박 하나가 언어를 따라가
문장 너머로 흘러간다
어딘지 모를 숲으로 무명이 건너간다
북향으로 두근거리며 차를 몰아 온
임진강변 철조망에
침침하게 휘감긴 가슴을 푸른빛으로 날리는 곳이다
오래 묵힌 책 향기가
오래 닫힌 슬픔 곁으로 가만히 다가서서
보랏빛 테이블 의자에 앉아
슬픔이 눈물 되지 않게 눈을 뜬다
옆 아이처럼 동화가 되어 구름빵을 먹고
책장에 꽂혀 기다리던 시인이 되어 시를 쓴다

책장의 칸칸마다 적힌 시어들이 북카페에 앉아 차를 마신다
북녘으로 오후가 저물어 가고
어느 북녘에서 나무 그늘처럼 카페로 발을 내밀어
나는 다시 감청빛으로 물든다

집 안에서 걸어간 거리

아침이면 식탁까지 걸어간 거리가
식탁을 중심으로 보이지 않게 흩어진다
눈 감으면 가까운 거리도 멀어지고
숨 고르면 깊어져서
거실 창문 아래 화분 길
출입구 쪽 몸이 송송 뚫린 커튼 길
안으로 굽어든 방 한 칸 길이 된다
방으로 가는 길은 홀로 가서 쓸쓸하게 보여도
줄레줄레 중심으로 돌아와 하얀 접시가 된다
두 개의 숟가락이 허밍으로 화음을 맞추는 저녁이 된다
밥맛으로
노동이 삶으로 변하는 하루씩 쌓여
가족이 되는 거리
누가 아픈지 자꾸 잎사귀를 떨구기도 하는 거리에
냉장고 옆 쪽창을 낸 작은 가게처럼
알약들이 쌓여도
오래 종종거리고 다닌 거리는 슬프지 않다
창문 열고 푸르게 걸어 나간 숨 한 모금처럼
창문 아래 내린 햇빛이 두리번거리며 찾아오니까
화분 하나가 힘을 내어 걷고 있을 동안
흘러간 시간만큼 먼 거리로 나가 보이지 않던 생필품들도

당신에게 허술해진 나도
식탁으로 돌아와 느리게 제자리로 돌아간다
저녁 거리를 걸어서
오래 남은 향내처럼 조금씩 낡아지는
어느 날을 건너가서
또 새잎 돋아 와글와글해지는 저 길 하염없다

표해시말

거실 창 너머
2월의 성근 눈발이 표류 문장을 읽는다

파도 소리마저 어둑해진 흑산 해변이다
풍랑으로 표류하다 이국을 떠돈 까무잡잡한 얼굴이
초당에 앉아 있다
표류라는, 무거워서 저절로 가라앉는 말
무표정하게 숨긴 얼굴을
유배라는, 단칼에 베어진 섬에 갇혀 사는
초당 주인이 마주하고 있다

표류를 기록하는 조선의 시간이
표류기를 읽는 겨울에 와서 머문다

조선의 귀퉁이를 접어가며 읽는 일은 얼마나 쉬운가
표류와 유배를 가볍게 지나다
성글게 내리던 눈발이 잦아들 때
마주보고 있는 두 사람의 환영 속으로 빨려든다

생사를 말하고 기록하는 대면, 생의 촉각을 다투는 표류를
자유를 삭제당한 유배지에서의 또 다른 자유가

듣고, 묻고, 쓴다

유배를, 갇힘을 풀어내는 유배로 읽는다

눈발이 그쳤는지 유리창이 어둡게 시야를 막고 있다

바다의 힘이 두 얼굴을 끌어당기고 있다
초롱 불빛에 함뿍 붉어진 채
세상 바꾸는 힘을 먹빛으로 쓴다
검은 획이 유배지를 품고 들어가는 바다
한 획마다 격랑이 일고
단어와 단어 사이를 지나온 문장이 거친 파도를 탄다

행간을 읽는다

흑산의 밤하늘에 별이 총총하다

우연이란 인연이 초당으로 전해진 표류기
유배가 낳은 '천초'처럼 살아남아
이 시대를 잠시 조선의 흑산으로 물들인다

한 토막의 역사를
흑산 사람으로 읽는다

마주하는 흑산 사람들

마침내 홍어 장수를 불러내고
손암을 불러내고
강진의 다산과 그의 제자 운곡을 불러내어
흑산이 된다

* 天初 : 정약전이 문순득에게 지어준 호.
'세상 경험을 처음 한 사람'의 뜻이라고 한다.

구례 산수유꽃

정령치나 달궁으로 가서
돌아오지 않고 있는 바람이 구례의 꽃으로 핀다
돌담을 타고 흐르는 달빛이
오래 기다리다
동구 밖 호젓하고 희멀건한 외길에서 피어나고
대문으로 살풋 들어오는
흰 발목의 환영들이
흐느낌으로 꽃잎 내민다
어느 골짝인들 아프지 않았겠느냐
어미의 울음이나
대살로 죽어 가던 누이의 노래가
구례의 폭풍이다
불타는 집들이
처형되어 나뒹굴던 곳곳의 넋들이
지리산 벼랑 천 길 허방을 휘휘 떠다니다
하나씩 꽃창을 열고 내다본다
핏빛 씻는 구례 땅
꿈속 마저 한 맺혀 새겨진 학살자들의 이름들
저만치 한 송이 피게 두고
숨어 살다 다 늙어 버린
통한의 사연들을 뭉텅이로 피게 하고

끈질기게 이뤄 낸 지난한 특별법
비로소 섬진으로 흐를 큰 강줄기
한 매듭을 풀어서
지리산을 향해 꽃가지 내민다
서로 밀고 당기던 지리산과 구례
멀고 깊은 달궁 계곡에서
그늘진 바람이 내려와
구례 길가 모퉁이를 슬그머니 휘돌아가고 있다

김상출 편

- 꽃잎
- 뻔하지만 꼭 그런 것만은 아닌
- 아직은
- 몸 울음
- 시간

아픈 손가락

이번 시집에 담긴 아이들은 이래저래 손이 아픈 녀석들입니다.
깨물면 안 아픈 손가락이 없습니다. 제목은 그리 붙였지만, 세상에 나가서는 부디 아프지 않기를 바랄밖에요.

- 시인의 말 중에서 -

김상출

1955년생. 경상대 국어교육과를 졸업하고 경남 거제에서 20여 년간 고등학교 교사로 근무. 2011년 '영주 작가' 신인상을 받으며 문단에 나왔다. 시집으로는 '부끄러운 밑천', '다른 오늘' 등이 있다.

꽃잎

안 쓴 지 오래된 절구통
사흘 전 봄비로 고인 빗물에
하늘이 담겼다

아침나절 슬쩍 바람 부니
배꽃이 그리로 나려
하늘에 꽃이 담겼다

꽃잎은

나렸으나
오른 것이다

뻔하지만 꼭 그런 것만은 아닌

어느 어느 절집 어디 추녀 밑
돌덩이에 낙숫물로 패인
조그만 반원의 구덩이를
본 일이 있었을 것이고
아마도 그때부터 나는
겸손해지기 시작했을 것이다

친구가 익숙해지는 데
거반 십오 년이 걸렸다
머리가 커진 뒤에 만나면
이런 게 문제다

물어보지 않아서
녀석에게는 아직 내가
껄끄러운지 모른다
물어보고 싶은 생각은 없다

아직은

가시고 나니
당신이 보입니다
비로소

여기 아직 이렇게
남아 계시니
나는 명치 어름이 아파 오는데
당신은 어디가 저리기라도 하는지

자꾸 그쪽으로 번지려는
큰 불길은 잡아 두었으나
남아 있는 것들이
자작자작 타고 있는데
물 부을 염(念)까지는
아직 이르지 못했습니다

몸 울음

바람이 없어
오랫동안
풍경은 울지 못했다

이 좋은 날
가만히 있기 뭐해
슬쩍 소리를 내
울어 보려 했지만

몸만으로는
도무지
어찌할 도리가 없었다

시간

동백나무에
동팩꽃이 피어
며칠간 추위와 지내다
떨어졌다 통째로

꽃이 지기 전까지
준비해 온 시간이
깊고 오래서
피는 흐르지 않았다

상처는 늘
시간 위에서 아문다
다 아물지는 못하지만

최정혜 편

- 부활 1: 절망 끝에 피어난 생명
- 부활 2: 고통 속에 찾은 평화
- 부활 3: 생명의 신비
- 부활 4: 찬란한 감사
- 부활 5: 말씀 속에서 피어나는 삶

최정혜

올해 칠월 영국 한 달살이를 준비하기 위해 필요한 자료를 열심히 준비하고 있던 어느 날, 갑자기 말꽃 3 원고를 모집해서 책을 내겠다는 연락이 왔다. 지난해 말꽃 2 원고를 낸 이후, 글이랑은 까마득히 잊어버리고 살고 있다가 갑자기 날벼락을 맞은 느낌!
어떡하나~ 이번에는 쉴까? 하는 마음으로 있다가 갑자기 내 삶을 정리해 보는 과정으로 내 암 투병 때의 경험을 연작 시로 써 봐야겠다는 생각을 했다. 졸작이라 부끄럽기도 하지만 하느님께 다시 받은 삶의 기쁨에 감사드리는 마음으로 써 보았다.

경상대학교 사범대학 가정교육과 75학번 전원문학회 활동
경상대학교 사범대학 가정교육과/유아교육과 교수
현재 경상대학교 사범대학 명예교수

부활 1: 절망 끝에 피어난 생명

예수님께서 부활하셨다
돌아가신 지 사흘 만에

예수님을 다시 만난 제자들은
놀라움과 기쁨으로 경악했네

정년퇴직을 한 학기 앞두고
죽음의 그림자 드리운 림프암 4기
빠지는 머리카락 속으로 침몰하던 나

모든 삶의 자락들을 내려놓고
주님 곁으로 가는 줄 알았네
사흘 만에 다시 선 예수님처럼
죽음의 문턱에서 돌아온 나

홀연히
새로운 생명이 솟아났으니
아! 부활이다!

부활 2: 고통 속에 찾은 평화

삼십 분마다 뇨를 재는 림프암은
휴식을 제대로 돌려주지 않아서

잠 못 이루는 고통이 뼈저리게 스며들 때
처음으로 마주친 인생의 까무라치는 심연

새콤하던 딸기가 흙 씹는 맛이 되고
달콤하던 바나나가 나무 맛이 되니

뒤집힌 내 세상의 끝자락에서
모든 것을 무심으로 비워 냈을 때
비로소 찾아온 고요한 평화

부활 3: 생명의 신비

3주를 주기로 순환하는 삶의 굴레
살아 있음 자체가
못내 신비롭네

1주는 무기력의 늪에서 허덕이고
2주는 비틀거리는 육신을 가누며
3주는 비로소 인간다운 삶

약으로 겨우 지탱되는 하릴없는 생명
주기적으로 반복되는
놀라운 삶의 신비

인간이 정말 아무것도 아님을
진심으로 깨닫는 순간,
혜안, 그리고 또 다른 부활!

부활 4: 찬란한 감사

태양이 쏟아지는
길을 걷는 것
삶의 환희이다
주님, 감사합니다!
이토록 눈부시고
청아한 하늘을 주시어

파란 하늘이 내게 손짓하고
흐르는 바람결이 나를 감싸는
이 숨 막히게 아름다운 자연을!

그때까지는 몰랐다
생명의 참된 환희를
세포의 조각들이 흩어진 후
비로소 식별하게 된 나의 삶

부활 5: 말씀 속에서 피어나는 삶

삶의 극적인 부활 이후
다시 펼쳐 든 성경 공부

그 두꺼운 성경 속 말씀들이
알알이 가슴으로 맺혀 와
내 영혼을 적시네

매일 아침 감사함으로
묵상하는 말씀들

오늘의 내 삶을 수놓는
가장 화려한 삶의 안내자
생명의 양식이네!

양곡 편

- 신은 죽었다
- 쿡 한번 찔러 본다
- 휘어져 있다
- 쪽배
- 선물(膳物)
- 행성처럼 유랑 별처럼
- 들꽃
- 덕천강에 눈이 내린다

휘어져 있다

사람들이 읽어 주든 말든 그냥 묶어 내놓는다. 부끄러움을 던다는 생각이다. 새해부터는 글을 써 내는 일에도 자제할 생각이다. 죽고 나면 이 모두가 부질없는 일이 아닐 것인가.

- 시인의 말 중에서 -

양곡

세상은 늘 시끄럽다. 하지만 글을 쓰는 공간은 늘 조용하다. 적어도 내가 글을 쓸 때만은 그 누구도 나의 조용함을 침범하지 못한다. 시끄러움 속에서는 글을 쓸 수가 없는 나의 오랜 습관 때문이기도 하지만, 글을 쓴다는 일 자체가 움직이면서 할 수 있는 일이기보다는 고요함 속에서 이루어지는 일이어서 그럴 것이다.

이런 나의 작업이 얼마나 오래 갈지는 나도 모른다. 가는 데까지는 가 볼 수밖엔 없을 것이다. 오늘도 조용한 시간을 골라잡아 나는 이 글을 쓴다.

1984년 '개천문학' 신인상, 2002년 『문예운동』 봄호 신인상
국제펜클럽 한국본부 경남지역위원회, 한국작가회의 한국문인협회 회원, 경남작가회의 경남문인협회 회원, 경남시인협회 이사, 경남불교문인협회 산청문인협회 회원
시집 『휘어져 있다』 외 4권, 산문집 『인연을 살며』
2016년 제2회 경남작가상, 2020년 제3회 현봉문학상 수상
현) 산청군 문화관광해설사, 본명) 양일동

신은 죽었다

경상남도 산청군은 지난 봄날 때아닌 산불로 전국을 넘어
세계를 떠들썩하게 하더니 여름날 복날이 오기도 전에
장마는 벌써 끝났다더니 하루에 700㎜가 넘는 폭우가
한 시간에 100㎜의 기록적인 비가 여기저기를 사정없이
쏟아붓더니 번개 천둥과 함께
푸르고 맑은 산청의 온 산에 산사태가 나고 들에는 홍수가 나다니
푸르고 맑은 산청 땅에 여기저기 생살이 터져
붉은 황톳물로 국도 3호선이 막히고 국도 59호선이 막히고
국도 20호선에 바윗덩이가 굴러 들앉아 길을 막고 집이 쓸려 가고
식당이 쓸려 가고 양봉장도 산사태에 쓸려가고 뒷산이 무너져 내려
신안암이 흔적도 없이 사라진 자리 바위만 뾰족뾰족
그런 현장에 부처님의 가피는 없었다 스님이 실종된 지
나흘이 지났다 국무총리가 다녀가고 행전안전부 장관과 대통령이
산사태 현장을 다녀갔다 산불이 나 불탄 자리마다 물길이 나고
논이고 밭이고 할 것 없이 빗물은 흘러넘쳐 도로마다 자갈이 쌓이고
향교 가는 길에도 사직단 가는 길에도 붉은 황톳물 자갈이 쓸려와 있었다
자동차가 불은 물에 쓸려 가드레일에 처박히고 덕천강이 흘러넘쳐
양천강이 흘러넘쳐 비닐하우스를 잡아먹고 딸기고 수박이고 벼고 콩이고
들깨고 참깨고 고구마고 모두 모두 물에 잠기고 우리에 갇혀 있던
사백여 마리의 한우가 불은 물에 쓸려 어디론가 사라지고
이런 일들이 사람 사는 세상에 있을 수가 있는 일인가

송·수신탑이 무너져 하루종일 전화도 안 되고 전기도 끊어지고
착하고 순박하기만 한 사람들이 아침마다 하늘을 보며
땅을 믿고 살아가는 맑고 푸른 산청 땅에
신은 산청을 절대로 돌보지 않았다 신은 없었다
2025년 7월 19일 토요일, 그 하루 동안 신은 분명 죽었다

쿡 한번 찔러 본다

자다가
여보! 하며 쿡 한번 찔러 본다

아침 식탁에 앉아
다가올 오늘 하루를 쿡 한번 찔러 본다

일터에서 무심코
하늘을 보다가 하루의 낌새를 쿡 한번 찔러 본다

잠들기 전에
오늘 하루도 안녕했다고 쿡 한 번 찔러 본다

휘어져 있다

능수매화나무 가지가 땅으로 휘어져 있다

한옥 지붕 처마 끝이 하늘로 휘어져 있다

산책길이 좌우로 휘어져 있다

자세히 보면 하늘도 땅을 향해 동그랗게 휘어져 있다

거리에 나가보면 길도 꾸불꾸불 휘어져 있다

나도 마음이 조금씩 정든 사람에게로 휘어져 있다

팔이 품 안으로 휘어지듯

세상은 모두가 저마다 사랑하는 것들에게로 휘어져 있다

쪽배

가랑잎 위

개미 한 마리

시냇물은 흘러간다

선물(膳物)

아침 여섯 시
아내가 챙겨 주는 아침밥을 먹고
아내와 함께 각기 다른 직장으로 출근을 한다

아내와 나는 둘 다 정년이 없는 직장에서
그날 못다 한 일은 휴일 날로 미뤄 가며
퇴근 시간까지 허둥대다가
저녁이면 출근 때와 같은 모습으로
제각각 퇴근을 한다

밤 동안은 오늘 하루를
저마다의 지게로 각각의 등짐을 져 나른다

저승에 가 계시는 양가의 부모님께
이렇게 사는 모습을 선물하고 싶다
사진을 찍어서라도 동영상으로 찍어서라도
잘살고 있다고,
우리 이렇게 잘 살아가고 있다고,

행성처럼 유랑 별처럼

세상에 한 사람이 태어난다는 것은
깜깜한 우주 속에 행성 하나가 등장하는 것이다

한 사람이 곧 행성 하나다
행성 하나가 있기에 우주가 있다
우주 속의 행성 하나
행성 하나하나로 이루어진 우주

나는 목성 그대는 금성
그대는 지구 나는 불타는 태양
내가 지구이고 그대가 천왕성 해왕성
불타는 태양이면 또 어떠리

한 사람이 살다가 죽는다는 것은 지구 하나가
우주 속으로, 무수한 행성들 속으로 사라지는 것

은하수처럼
떠도는 유랑 별처럼 그대는 떠나고
나는 지구로 남아 이렇게 그대
한없이 그리워하고 있느니

들꽃

햇볕이든 그늘이든
천둥 치듯
번갯불 치듯 세상을 떠돌다가

별빛에 젖어
샛바람에 실려
비 오는 아침 산책길까지

찾아와
나에게 자꾸
이야기를 걸어온다

덕천강에 눈이 내린다

겨울 추위가 한풀 꺾이는 듯
눈이 내린다, 사그락사그락
가을 늦게까지 고향의 강 사업으로 강 안을
말끔하게 정리한 덕천강에 눈이 내린다

봄날 벚꽃 나무 가로수에서 벚꽃비가 날리듯
눈발은 덕천강에 목화솜 뭉치로 날린다
어두운 적막과 고요 속을
겨울 동장군이 도망을 치듯 눈발이 날린다

진주민란 때 신작로를 따라 초군(樵軍)들이
관솔불로 밤길을 헤쳐 길을 걷듯 이마에는
흰 무명 띠를 질끈 동여맨 채 발자국 소리를 내며
덕천강에 눈발이 펄펄 날린다

한겨울이 이제 지난다는 듯
눈이 내린다, 사그락사그락
잿빛의 산천을 하얗게 뒤덮으며 꽃비가 퍼붓듯
잔잔한 덕천강에 쓸쓸하게 눈이 내린다

문차용 편

- 트로트
- 대금산조
- 월아리
- 풀의 고향으로…
- 춘란
- 취중진담
- 치장
- 낙엽

문차용

'84년 경상대 사대 화학교육과 졸업, 경상문학회(전원문학회 동인)회장, 교사 퇴직

트로트

그녀를 좋아하는 이유는
청승이기 때문이다
도도한 웃음도
소슬한 울음도 청승이라
보고 있자니 막걸리 잔 놓고
육자배기 한 소절에
삼거리 주막 봉놋방 눌러앉은
젓가락 장단이 어울리거든
곰살맞기 가이없지만
변죽을 울리는
마음, 그 마음이란 것도
때론 얄팍하기로
무명 삼베 쪼가리 기워
누비로 덮인 앉은뱅이 술상 같지
열어 젖혀 본들 쉰내만 풀풀,
손때 묻은
그녀의 앞치마 자락마저 이별의 얼개와 실연의 타래로 역인 후라
音이 웃음이고
樂이 울음인 걸

좋이 알아
스리슬 구성지단 말야

대금산조

옆집 사람 파평 윤씨는 섬진강변 하동 출신으로 詩人 소리를 듣던 아버지 밑에서 연필보다 약초를 더 오래 만지며 컸는데 국민학교를 마친 다음 부산 철공소에 보조로 보내져 철 쪼가리 함께 뒹굴며 기술을 배웠다지. 울산조선소 철선 내부를 거미줄 타듯 옮겨 다니며 배관 설비를 하다 냉동기 구조를 몇 번 보고는 눈썰미가 좋은 탓인지 평생을 냉장고와 에어컨 수리가 밥벌이가 되었다네. 자격증이 없는 탓에 번듯한 가게를 열지는 못했지만 기술 하나 믿고 맡기는 단골이 많아 이러구리 해 지냈어도 한 철 장사라, 다른 방도로 트럭을 제 손으로 개조해 노점상도 함께 했는데 三南의 행사와 축제를 따라다니며 마눌이 호두과자를 구워 파는 동안 이 산 저 산에 올라 약초와 쌍골대를 캤지. 대금을 만드는 쌍골을 캐다 보니 音이 의문이고 樂이 더 궁금해서 손재주는 타고난 터라 에잇, 조임쇠에 대나무를 넣고 토치불에 구워 곧게 편 다음 구멍을 파는 족족 음이 잡히고 갈대청을 붙여 여음을 내고 단구에 짧은 팔로 산조를 열었는데 강에서 여울이 울었고 동네 강둑으로 여치며 꽃뱀 달맞이꽃 강아지풀 피라미 물닭이 서로 다투어 목 놓아 우는 것을 나는 꼭히 차곡차곡 넣 놓고 바라보고 있었지

월아리

미술 선생이 작업실로 쓰던 낡은 촌집을 헐값이라고 넘겨받아 가장 먼저 한 것이 스무 걸음 정도 되는 골목 안 블록 담장에 흰 페인트를 칠하고 벽화를 그린다. 참새라 그리면 오리가 되고 소나무라고 그리면 야자수가 되어서 각시에게 詩라도 한 줄 넣으랬더니 놀고먹는 신랑 얘기와 쪼들리며 사는 살림살이를 그래도 괜찮다고 써 놓았기에 내 맘속으로 뭘 저런 것까지야 하며
서운하다가 부끄럽기까지 해서 한 소리 한다는 것이,
글씨체가 차암 곱소

풀의 고향으로…

더위가 절정이다
햇살에 두들겨 맞고
풀이 죽은 오이 줄기는
덩굴부터 잎까지 말라
잎 속 길이 모두 굽었다
황토먼지 날리는 그 길 따라
구비구비 초록은 다행히 돌아갔을까
거칠 것 없이 세상을 향하던
하얀 손이 잘려
돌아간 그곳으로
젊음을 벗은 장인어른이
병상에 누웠다
등피 같은 살 속 물길이 마르고
갈라진 숨소리는
말길마저 뚝뚝 끊어 내고 있다
젊음이 돌아간 곳에는
초록과 함께
하얀 손들이
돌멩이 담장 너머로
추억을 한 장씩 널어 말리며
제 별도 부르고

반짇고리 풀어

바느질로 한 땀씩

시간을 깁고

첨벙첨벙 자맥질에 겨워

따순 조약돌을

뺨에 대고

출렁이는 귀에다 대다가

잠이 쏟아지면

잠을 따라 어디까지 갔을까

청기와마당 한 켠에 우물을 파고

콧속에 튜브를 꽂은 후

깊고도 푸른 물길 따라

그리던 그곳으로 가는 것일까

춘란

춘란은 변이가 강할수록
값이 더 매겨집니다
푸름이 돋보이는 겨울이나
꽃 맺음을 하는 초봄에
변색된 잎과 꽃을 찾아
변형된 모양새를 찾아서
난쟁이들이 산에 오릅니다
평소 우리가 알던 난초를
민출이 민출이 하며
거들떠보지도 않구요
평범하게 사는 것이
저리 오목조목 핀 난처럼
어깨에 어깨를 기대어
날 선 바람에는 서로를 다독이며
과하지 않은 향기
서로의 가슴을 부벼야 맡을 수 있는
민출이 민출이면 어떠하냐

취중진담

그날은
술을 마시는데
드디어는 술이 술을 마시고
술잔이 서로 이마를 부딪혀
피가 튀고
술잔이 자주 자리를 바꾸면서
제 자리가 없어진 잔은
핀잔을 듣고
안주로 사람을 씹더군
오지 않은 이를
잘근잘근
떠나버린 자를
두 손에 들고 우두둑,
그래서 술자리마다
수북이 말의 뼈가 쌓이고
후회가 달린 말의 꼬리가
얼음 칼을 쥐고 흔들고 있더라구

치장

하늘은 해 달 별 구름으로 치장하고
바다는 파도 풍랑이 치장이다
저녁이면 노을로 치장하는 하늘
맑은 날 하늘로 치장하는 바다에 더해
산은 가끔 단풍 치장을 하고
강에 띄워 치장을 지우기도 하고,
마을 들어서는 길
드므실댁 아들 시청 서기관 승진 플래카드 붙었다

낙엽

이 나이에 벌써

뜨락에 팔락 떨어져

뒹굴 때는 아니지

아침마다 보는 거울 속

도리질을 쳐 봐도

모르게 생긴 웃자란 터럭이며 흰머리라니

늘어나는 그늘로 한 生을 버티는

저 나무들처럼

앙상하게 뒤틀린 가지마다

생채기가 굳어 성긴 주름이 잡혔지만

작은 바람에

나뭇잎 머리칼 우수수 흩날려도

좋지 않으냐

저녁이면 어깨 위로 살며시 노을을 걸치고

발목 적시는 시류에

휩쓸리지 않고

여울에 찰방찰방

물굽이 도는 붉은 세월을

어디론가 흘려 보내며

둥근 달 속에 파묻히기도 하는

저 오동잎처럼

정준규 편

- 경계
- 면벽
- 몽환
- 전도몽상(顚倒夢想)
- 뻘

아무것도 의식하거나 의도하지 않고 내버려 두는 경지 그리하여 모든 것이 "저절로" 흘러가서 이루어지는 경지 그것이 시인이 꿈꾸는 세계이고 그의 시가 지향하는 시적 언어의 경지이다.

- 문학평론가 황정산 -

정준규

생각은 쉼 없이 일어난다. 오감의 작용으로 식 또한 끊임없이 생겨난다. 온갖 분별과 망상이 머릿속을 어지럽힌다. 모든 것들이 이 허공 속에서 생겨나고 또 이 허공 속으로 사라져 간다. 더욱 깊어지고 익어 가면 이 모든 망상에서 진정 자유로워지는 날들이 찾아올까. 묵묵히 정진해 갈 뿐이다.

2014 계간 미네르바 등단
수산해양정책학 박사, 감정평가사
시집 『저절로』

경계

달이 가득 찬
새벽 산사에서
너의 노래를 듣는다

죽어서 젊은 네가
부르는 노래를
늙은 육신의 내가
듣고 있구나

달은 무심히
허공을 적시고
살아서 펄떡이는
화면 속의 너의 모습
듣고 있다는 나의 분별도
이 허공 속에 자리하고 있구나

고목처럼 굳은 내가
죽었다고 생각하는
생생하게 살아 움직이며 부르는
너의 목소리가 흐르는
이 공간

어디서 어디가
너와 나의 경계인가

네가 머무는 세계
내가 떠도는 세계
어디서 어디까지로
너와 나를
나눌 것인가

너도 나도
노래도 달빛도
몽중에 스치는 구름 한 조각
차가운 새벽 별빛에
정처 없이 떠돌고만 있구나

면벽

혹시 눈치챘나요
사실은 내가 당신의 꿈속에
기생하고 있다는 것을

천수천안
아무리 나를 찾아 헤매도
나는 당신의 생각 속에 투명하게 숨 쉬며
한 치도
드러나지 않을 거예요

세상이 나를 비추듯
나 또한 당신을 비추고 있지요

당신은 배역에 취해
울고 웃고 성내고 탐하며
살고 있지만

사실은
눈에 보이는
저 산도 저 별도 저 새도
실상은 전부 가짜라는 걸

세상은
정말 꿈속의 일이라는 걸

당신을 멈추어 보세요
그리고
부드럽게
허공의 껍질을 살짝 벗겨 보세요
눈에 보이는 것 말고요

그러면
비로소 그 속에
당신 몰래 숨어 있는
내가 설핏 드러날 거예요
생겨나지도 사라지지도
줄어들지도 늘어나지도
있지도 않고 없지도 않은
당신과 나의

본래면목

몽환

세상은
내가 꾸는 꿈
네가 꾸는 꿈
중중무진
꿈의 중첩이다

허공 같은
이 바탕에
진눈깨비 같은 꿈들이
뿌리도 없이 유영한다

꿈의 파장들이
서로의 꿈들에
호수의 파문처럼
스며든다

내가
당신의 꿈속에
당신이 나의 꿈속에
인다라망에 드러난
실루엣

혹
에미로 애비로
지인으로 타인으로

서로
간절히 간절히
눈치채지 못하게
탈수된 먼지처럼
무대 위를 흘러 다닌다

전도몽상(顚倒夢想)

오감으로 난해한 너를 읽는다
애초 눈 잃고 귀 잃었으면
너도 없고
세상도 없었을 터

네가 봄으로
네가 느낌으로
나는 존재하는 것이고
그리하여
너는 네 세상의 창조주인 것이다

네가 만든 세상에
인연 따라 일어난
온갖 사물들이 뭉게구름처럼
생겨났다 사라지고

생각이라는 원숭이 한 마리
천지분간 못하고
뛰노는 공간을

아직도 나라고 착각하는

이 지독한 오독(誤讀)

뻘

투명한 유리관이 낙지의 낙원이다
죽음의 내장까지 훤히 들여다보이는
수족관에 웅크리고 누워 관 밖의 나를 조문하듯
엎드려 있다
나는 바스락거리는 그의 소멸을 바라보고 있으나
그는 헝클어진 나의 윤회를 증언하고 있다
그가 쩔룩이며 걸어 왔을 수면 아래의 마을들과
여리게 반짝이며 흔들리던 해초들의 신작로를 지나
울컥 목젖을 울리던 삶의 허방에 빠지기까지
생의 마지막 소신(燒身)을 위해 그는 가부좌로 미동도
허락하지 않으나 나는 알고 있다
이미 금가기 시작한 흡반을 감추고
폭죽처럼 솟구치는 기포 속에 그의 회한과
그리움이 부서지고 있는 것을
그는 중력 없이 기울어진 나의 자전의 궤도를
무심히 건네 보고 있으나
허물어져 가는 목탁 같은 그의 머리를 들어
마지막 나의 조등을 밝히고 있음을
관 안의 나도 잘 알고 있다

2. 수필

이문섭 편

- 전원(田園)문학회를 아십니까?

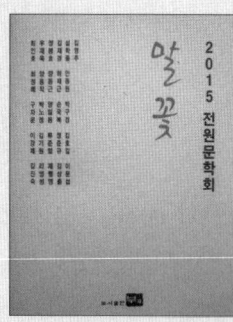

이문섭

'84년 경상대 건축과 졸업, 2021년 국민연금공단에서 정년

전원(田園)문학회를 아십니까?

전원(田園)문학회를 말하자면 부득이 그 뿌리를 논할 수밖에 없는데 그 처음은 한참을 거슬러 올라가서 1960년대 초 진주농대(현 경상국립대학교)에서 시작된다. 당시 제행명, 허태학, 이재현, 정종기, 윤석년, 김호길 등을 창립 멤버로 전원문학동인회가 결성되었다. 이후 '전원'이란 이름으로 4집까지 출간되다 다시 휴지기를 갖고 난 후 '객토(5집, 1974년)', '원시림(8집, 1977년)'이란 제목으로 발간된다. 물론 모임의 이름은 여전히 '전원문학동인회'였고 그 안에 산문을 쓰는 '객토' 동인 시를 쓰는 '전원' 동인으로 나뉘어 있었다. 이후 1980년 종합대학으로 승격되고 난 이후로는 경상문학회로 이름을 바꿔 경상문단(12집, 1981년)으로 14집까지 발간된다. 이는 당시 종합대학이라는 외연 확장에 걸맞게 명칭을 바꾸느냐 '전원(田園)'이라는 오래된 전통의 제호를 지키느냐에 대한 회원들 간의 나름 심각한 고민에 따른 결과였지만 15집(1986년)부터는 다시 '전원문학동인회'로 돌아오고 말았다. 종합대학으로 학교의 덩치는 커졌지만 문학에 탐닉하는 이는 해를 거듭할수록 그 수가 오히려 줄어들었고 모임 명칭 변경에 따른 선후배 간에 괴리감이 생긴다는 것이 그 이유였다. 아니 어쩌면 '전원'이라는 다소 촌스런 단어에서 풍겨나는 향수를 포기하기 어려웠으리라는 게 실질적인 이유이리라. 그 후 회는 전원문학이라는 동인회 형태를 유지하면서 꾸준히 발간되어 오다 1996년 23집 '꽃잎 바람에 실려 보낸 그대의 안부'를 마지막으로 더 이상 발간되지 않았다. 현업 대학생 문학단체로서는 그 명맥을 다한 것이다. 필자는 이 글을 쓰기에 앞서 요즈음 대학생들도 과연 문학 그중에서도 시(詩)라는 장르를 위해 학내에서 동아리 활동을 하는지가 궁금해 동문 학교의 관련 부서에 전화를 해보았다. 돌아온 답은 '없다'였다. 이 시대의 문학이 차지하는 위상을 보여 주는 움직일 수 없는 징표였다. 정일근 시인은 그의 시 '교보에서 길을 잃다'에서 '손바닥만 했던 시집 코너 더욱 작아져 소실점이 되어 있다'며 문학, 그중에서도 시에 주어진 열악한 환경에 대해 안타까워했다.

전원문학 재창립

이후 2010년 5월경에 이강제 회원이 네이버에 '오래된 전원'이라는 카페를 개설했다. 이를 기반으로 옛 회원들 간의 소통이 활발해져 2011년 11월경에는 중산리 지리산 자락 아래에서 못 본 동안의 회포를 풀기도 했다. 이때의 모임은 전원문학회 재창립의 계기가 되었다. 그로부터 다시 십

수 년의 세월이 흘렀다. 회원들은 각자의 삶에 빠져 전원문학이라는 모임을 통한 문학적 소통은 이미 다 지나간 옛이야기가 되는 것 같았다. 간간이 회원 상호 간의 만남이나 교류는 계속되고 있었지만 이미 붓을 꺾은 동인도 있고 선후배 상호 간 연락조차 쉽지 않았다. 그러던 와중 한겨레신문사에서 정년을 마친 최인호 회원이 고향 하동으로 낙향하면서 전원 출신 회원들을 수소문하여 다시 전원문학회 창립 모임이 2013년 11월 9일 진주 시내 한 식당에서 결성되었다. 그로부터 2년 후인 2015년 3월 28일 최초 창립 모임을 했던 남강변 갑을식당에서 첫 번째 사화집이 '말꽃'의 출판기념회가 개최되었다.

말꽃 1집 출판기념회

한 권의 책을 출판한 것이 그리 대수이겠냐마는 그것은 오랜 세월 진주라는 지역과 경상대학교 출신 스물여섯 명의 문학적 기록을 꿰어 냈다는 점에서 값어치가 있었다고 평가할 만했다. 그러다가 두 번째 기록이 만들어지기까지는 꽤나 시간이 흐른 뒤였다. 코로나를 핑곗거리로 삼는다지만 그로부터 적지 않은 해가 지나 2023년 11월에 각고의 노력 끝에 다시 스물두 명이 참가한 두 번째 사화집이 출간되었다.

전원문학을 모태로 한 문인을 추슬러 보면 그 오래된 역사만큼이나 지역에서 출발하여 우리나라 문단에 뚜렷한 족적을 남긴 문인이 적지 않다. 전원문학 초창기 창립 멤버로는 이미 언급한 제행명 회원은 대구 지역에서 현재까지 수필가로 활동하고 있고 '인생의 연금술'이라는 산문집이 있다.

역시 창립동인인 김호길 회원은 제1회 개천예술제 시조 백일장 장원으로 시작하여 공군 출신 파일럿 시인으로 화려한 경력을 자랑한다. 현재는 미국에 주거를 두고 멕시코 바하 사막에서 대규모 농장을 경영하고 있다. 팔순을 넘겼지만 여전히 현역인 정력가이며 '사막시편'을 비롯해 최근에는 '모든 길이 꽃길이었네'라는 시조집 외에 다수의 저작이 있다. 하늘을 나는 파일럿이었고 글로벌한 농업 경영가이며 정력적인 시인이기도 한 그는 한국과 미국, 멕시코를 오고 가며 여전히 왕성한 필력을 자랑한다. 그리고 무엇보다도 그의 시는 너무 낭만적이다. 해마다 한 달여는 꼭 한국에 들러 진주의 오래된 중앙시장 아구집에서 회원들과 함께 잔을 기울인다.

1963년 개천예술제에 김호길 회원이 시조 장원을 하였는데 이영성 회원은 1964년 1965년 연달아 장원을 한 정통 시조 시인이다. 지역을 벗어나 우리 문단에서 시조 부분에 커다란 족적을 남겼다. 한 번은 술 고픈 시인의 애잔한 심정을 노래한 그의 시조 '초대'를 깊은 밤 인터넷에서 읽고 그가 사는 합천까지 한달음에 달려가고 싶었던 적이 있었다. 최근에 '단심'이라는 단시조집을 낸 바 있다.

1970년대는 구자운 회원이 예전에 우재욱, 구자운, 최인호 3인의 호기 어린 이야기를 한 적이 있는데 이를 빼놓을 수 없다. 이른바 조지즘이다. 얼핏 들으면 모더니즘 등 무슨 문예사조쯤으로 들리는데 사실은 경상도 말로 조져 버린다는 뜻이었다고 한다. 패기만만한 청년 셋이서 조지즘 강령을 만들었는데 '첫째 모두 조져 버린다, 둘째 시 일간지를 발행한다, 셋째 미당 서정주를 재추천한다'는 모두 세 가지 강령이었다. 참으로 호기롭고 통쾌한 강령이 아닐 수 없었지만 강령중 하나라도 이루어졌는지 여부는 지금까지 확인된 바 없다.

우재욱 회원은 시는 물론 소설도 써 내는 실력자이다. 서울대 출신이 아니면 버텨 내기 어렵다는 포스코에서 홍보맨으로 우뚝 자리매김한 뚝심이 대단한 포스코맨이기도 하다. 고향 남해를 떠나 서울에 살면서 전원을 잊지 못해 전원이라는 상호의 술집을 보고는 불쑥 들어가 혼자서 소주 두 병을 깠다는 이야기는 그의 전원에 대한 그리움의 깊이를 가늠하게 한다.

구자운 회원은 당시의 조지즘 멤버로서 만만찮은 내공의 소유자였다. 임업을 본격 공부하여 박사까지 한 것은 물론 시에 관해서도 대단한 필력을 보여 주었다. 1991년에 처음 목원시집을 펴낸 후 무려 5권까지 발간했을 정도로 다작인 분이다. 시의 형식도 구애받지 않고 일필휘지하여 거침이 없지만 여러 편을 읽다 보면 특유의 깊은 맛을 느낄 수 있다.

당시 조지즘 파의 막내인 최인호 회원은 동료들과는 물론 선후배들에게 두루 신망이 두터운 분이다. 한글학회를 거쳐 한겨레신문에서 정년을 하고 2011년에 하동 옥종에 낙향하여 노모를 봉양했었던 하동군이 인정하는 효자이다. 술자리에 들면 꼭 막걸리를 청해 막걸리가 없는 술집 주인에게 따로 심부름을 시켜야 직성이 풀린다. 지금보다 젊었던 시절 두꺼운 뿔테 안경을 끼고 한 잔 술에 적셔지면 박제천 시인의 장자시를 유장하게 읊

조리고 한창 아래 후배에게도 공(公)이라 불러 어깨를 으쓱하게 하게 하는 멋쟁이다. 시문학 추천을 거쳤으며 '그해 오뉴월의 불가락지'와 다수의 저작이 있다.

말꽃 2집 출판기념회

1970년대 후반 회원들 중 현재까지 전원문학과의 인연을 이어 가고 있는 회원으로 손국복 회원과 류준열 회원을 언급하지 않을 수 없다. 두 분은 학교 시절부터 돈독하여 지금껏 절친이라며 친분을 자랑하고 있다고 한다.

손국복 회원은 진주 반성 출신이지만 교직에 몸담으면서 합천에서 뿌리를 내려 합천교육장을 끝으로 퇴직 후 이제는 토박이 합천 사람이 되었다. 2023년 11월 말꽃2집 출판기념회를 하면서 그동안 고생하셨던 최인호 전 회장의 바통을 이어받아 새로운 회장으로 역임하게 되었다. 문학공간을 통해 등단하였으며 최근에 시집 '보이저 통신'을 발표하여 세간의 관심을 끈 바 있다. 시인의 예전 시작은 주로 자연에 대한 감상에 초점이 맞추어져 있었다면 '보이저 통신'에서는 인류가 만들어 가장 멀리 여행 중인 보이저 위성에서 영감을 얻은 삶의 근본적 질문에 대해 궁리하고 있어 보인다. 시인은 밤마다 하늘을 바라보며 이미 태양계를 벗어난 보이저 호를 그리워하고 있다고 한다.

류준열 회원은 오랜 교직 생활을 마치고는 활동 반경을 매우 크게 넓혀 전 세계의 한 나라도 빠지지 않고 섭렵하려는 듯 해외여행에 몰두하고 있다. UN에 등록된 나라가 193개국 가량인데 이제 머지않아 완등할 수 있을 것 같다고 한다. 재력은 물론이고 체력이 받쳐 주어야 할 텐데 십수 년 전부터 하루도 빠짐없이 108배를 하면서 건강을 관리하고 있다고 한다. 천상병문화제 추진위원장으로 일하고 있으며 '무명그림자'라는 제목으로 수필집을 계속해서 발간하고 있다.

최정혜 회원은 70년대 후반 당시로는 드문 여학생 회원으로서 꾸준히 시를 쓰면서 본교 교수로 재직하다 퇴직하고 말꽃 1, 2집에 계속해서 참여했다.

칠십년 대 후반부터 팔십년 대 초반까지는 특히 격동의 시기였다. 그때는 또 전원문학동인회에서 경상문학회로 증축 리모델링의 시기이기도 했다. 그때 회원 중 현재의 말꽃까지 이어진 회원으로는 이강제, 양용직, 양곡(양일동), 정봉효, 김진숙 등등 다수 있다.

이강제 회원은 전원문학동인회를 경상문학회로 이름을 바꿀 때 회장을 하였다. 하지만 후에 결과적으로 잘못된 선택임을 고백한 적이 있다. 서울에서 기업을 일구어 수십 명의 생계를 책임지고 있는 기업가가 되었다. 스스로를 문학의 주변인쯤으로 언급하면서도 평생에 걸쳐 글쓰기를 완전히 내려놓지도 않은 것처럼 보인다. 필자가 보기에는 구심력과 원심력이 적당한 균형을 유지한 상태로 보인다. 가장 행복하고도 바람직한 상태일지도 모른다. 그러나 문학사상을 통해 조선 중기 남명 조식과 내암 정인홍을 새롭게 조명하는 '진주'라는 장편을 발표하는 뚝심을 보여 주었다.

양용직은 시인이다. 학교 시절 뛰어난 성적에도 불구하고 등록금이 전국에서 가장 싸고 돈 없이도 학업을 할 수 있는 유일한 곳이라 경상대를 선택했다고 한다. 가난했던 시절을 시로 버티면서 지내 왔을지도 모른다. 교직이 천직이었던 그는 그래서 지금도 제자로부터 팬레터를 받는다고 한다. 늙은 제자가 그를 기억해 냈을 때, 그를 가장 존경하는 선생님이라는 말을 들었을 때 그는 나이가 들수록 더 소년처럼 해맑아진다. 한국문학을 통해 등단했고 시집으로 '불멸의 눈꽃' 외에 다수가 있다.

정봉효 회원은 학생 시절 어엿하게 개척자 교지에 학예상 당선으로 기지개를 켰고 교장을 끝으로 퇴직 후 그가 평소 지향하던 도가, 유가를 섭렵하고 유유자적하고 있다. 김진숙 회원은 그 유명한 의령 우순경 사건 중에도 당차게 살아남아 말꽃 1, 2집에 연거푸 글을 올렸다.

강희근 교수는 양곡의 시집 '길을 가다가 휴대전화를 받다'의 후기에서 양곡의 시에 대해서 이렇게 말했다. "양곡의 시는 리얼리즘에서 출발하였다. 그는 습작기에 그 밑바닥을 돌면서 밑바닥의 정서나 밑바닥의 곡진한 시름들을 키우면서 그 스스로 시름이 되었다" 이말을 필자는 양곡은 스스로 시가 되고 시가 곧 양곡이다는 것과 같다는 것이다 라고 생각했다. 또한 그의 시집 '혁명은 오지 않는다'의 서문에서 양곡은 "시에 대한 믿음은 그러므로 아직도 저에게 있어서는 신앙입니다"라고 했다. 그러므로 그는 천상 시인이다. 필자는 십수 년 전 네이버의 '오래된 전원' 카페에서 그를 소재로 '시인'이라는 제목으로 시를 쓴 적이 있다. 일부를 소개한다.

- 전략 -
삶은 시가 되고 시는 그가 되어 / 맑고 푸른 산청에 원고지 같은

집을 짓고 산다.
- 중략 -
자식 대신 빚어낸 두어줄 글로 툭 툭 툭 / 내 어깨를 두드리고
시집 속으로 걸어가는 그는, 내 친구다.

이문섭과 문차용, 정준규, 김재경은 모두 동년배이다. 모두들 격동하는 역사의 한가운데 있었는데 지금도 선명하게 기억나는 것은 1980년 서울의 봄 당시의 어수선함으로 인해 휴교 중인 학교, 칠암동 중앙잔디밭의 잔디는 웃자라 마치 벼를 심은 것 같았던 모습이었다. 웃자라 더욱 파래진 잔디는 우리들의 청춘 같았다.

이문섭 회원은 그 와중에 학교 교과는 대체로 팽개쳐 둔 채 글을 쓴다는 핑계로 거의 반풍수 노릇으로 학교 생활을 했다. 교내 신문에 소설을 연재했었고 교지에 소설이 당선되어 제법 난 체를 했었지만 집안 장골에 불과했다. 겨울방학, 친구가 귀가한 주약동 석류공원 뒤 이른바 야시골의 자취방에서 쌀 한 됫박과 김치 한 보시기만을 가지고 일주일 여를 곰처럼 틀어박혔다. 그러나 원고를 올려 보낸 중앙지 몇 군데서는 연말까지 아무런 소식도 없었다. 그러구러 전공과 관련 없는 국민연금공단에서 직장생활을 하느라 문학은 외도 수준을 넘기지 못했다. 그래서 늘그막에는 어디를 통해 데뷔했느냐고 묻는 이들이 가끔 있어 머쓱해지면 전원문학으로 등단했다고 한다.

정준규 회원은 늦게 익는 과일과 같다고 언젠가 그에게 말했다. 지금은 감정평가사로 정년 없이 일하고 있어 늦은 만큼 그 보람이 있는 동료다. 얼마 전 미네르바를 통해서 등단했는데 시풍은 노장사상이나 도교적 유장함이 보인다. 시집으로는 '저절로'가 있다.

문차용 회원은 과학교육을 전공하고 교사로 근무하다 퇴직했다. 꿰지 않은 구슬 같은 이다. 학생 시절 전원문학의 회장을 맡으면서 시적 역량이 만만치 않았지만 자신의 격에 맞는 평가를 받지 못하고 지금까지 왔다. 세월은 빠르다. 일모도원(日暮道遠)이라, 늦었지만 그의 역량이 제대로 된 평가를 받게 되기를 기대한다.

김재경 회원은 국회의원을 4선이나 했다. 그래도 전원에 대한 그리움은 늘 떨치지 못해 거의 모든 모임에 참석한다. 국회의원으로 권력의 한가운데 있으면서도 '정치, 시에서 길을 찾다'라는 책을 펴내는 등 문학적 재능이 다분할뿐더러 늘 소탈해서 회원들과의 거리감도 없었다.

김상출 회원은 늦깎이 대학생이었다. 결혼을 하고 가정을 이미 꾸린 채 국어교육(학)과에 입학하여 필자의 한 해 후배였지만 필자보다 무려 여섯 살이나 많았다. 학생 신분에다 없는 살림에 문학회 회장까지 하느라 허리가 휘었다고 한다. 거제에서 교편을 잡다 아내를 여의고 도간 교류를 통해 경북 봉화에 자리를 잡았다. 시집으로는 '부끄러운 밑천' 등이 있다.

조구호, 이영달 회원은 재학 시절 같이 하지 않았지만 말꽃 2집부터 참여한 열렬 회원이다. 조구호 회원은 본교 대학원에서 박사학위를 받았고 회원 중 유일하게 평론을 한다. 저작으로는 '문학과 세상을 위한 성찰과 지향' 외 다수가 있으며, 이영달 회원은 수필을 쓴다. 에세이 포레에서 신인상을 받았고 저작으로 '색동 고무신'이 있다.

회원으로 이미 고인이 된 분도 적지 않다. 허수경 시인은 젊은 나이임에도 저 멀리 독일 뮌헨에서 서둘러 돌아갔다. 학교 시절 교지에서 쓴 시를 보았고 합평회 때 자그맣고 깜찍한 후배로 기억 속에 남아 있었던 그녀는 필자가 한창 직장 생활에 허덕일 때 이미 우리 문단에서 우뚝하니 자리를 잡아 가고 있었다. 그러던 중 인터넷으로 돌연히 날아든 비보에 모두들 아연해했다. 이미 이 세상 사람이 아님에도 불구하고 저작이 출간되고 있을 만큼 그녀의 그늘은 넓었다. 시집은 물론 다수의 산문집과 장편 소설도 출간했다. 저작을 검색하면 무려 십수 권에 달한다. 가인박명이라 했던가…

  1970년대 후반 조선일보 신춘문예 소설 당선으로 화려하게 데뷔한 정화혁 회원도 부랴부랴 가시고 학교 때는 같이 하지 않았지만 2011년 재창립 이후에 함께 하신 분 중 박노정 시인, 박구경 시인 두 분 모두 2015년 발행된 말꽃1집에 자취를 남기고는 말꽃 2집에는 참가하지 못하고 서둘러 귀천했다.

  이후에도 기록하지 못한 선배와 특히 후배들이 많다. 그리운 이들이여 인터넷 검색 칸에 전원문학과 그대의 이름을 두드려라. 인연이 닿으면 다시 볼 수 있으리니…

  전원문학은 둠벙이다. 회원들도 다들 현업에서 퇴직하고 모두들 병들고 노쇠해지고 있다. 그러나 여전히 정력적인 회원들도 있다. 그 둠벙에 새로운 물이 다시 차오를지 이대로 말라 버릴지 아직은 알 수 없다. 언젠가 전원 모임 뒤풀이 때 회원들 간 오고 간 이야기가 있다. 얘긴 즉 단 한 명의 회원이라도 남아 있다면 전원문학회는 끝까지 이어질 것이라는 이야기였다.

  그리워하는 자는 이미 늙었다 하느니, 이제는 더 이상 과거를 논하지 않으련다. 대신 다시 다가올 앞날을 기대하고자 하느니 전원이여, 영원하라!

조구호 편

- 기도
- 사람을 보는 눈
- 지식과 지식인

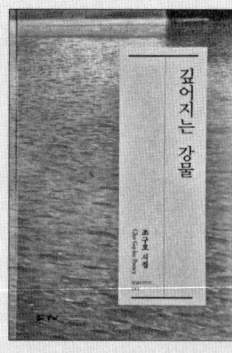

깊어지는 강물

시 한 편 엮는 것을 마음의 얼룩 한 점 씻는 일로 삼아 틈틈이 시간을 쏟아 보기도 하는데 시 쓰는 것도 마음 닦는 것도 한 걸음도 나아가지 못하고 제자리에서 맴돌고 있다.

- 시인의 말 중에서 -

조 구 호

문학평론가

경남 진주 출생, 경상국립대학교 졸업, 경상국립대학교 연구교수 역임.

2010년《작가들》에 평론 발표 후 작품 활동.

평론집 『성찰과 지향』, 시집 『깊어지는 강물』, 산문집 『마음을 씻는 정자』, 학술서로 『분단소설연구』 외 다수.

기도

 지난봄부터 아침 식사 전에 기도를 하기로 했다. 직장에서 물러나 바쁘게 출근할 일도 없고, 서둘러 아침을 먹어야 할 일도 없어 아침 식사 시간을 느긋하면서도 차분하게 경건한 마음으로 하면 좋겠다는 생각에서였다. 그동안 칠십에 가까운 나이에 걸맞지 않게 서두르며 바쁘게 시간을 보낸 것 같기도 하고, 또 지난해 겪은 두 번의 죽음으로 남은 삶을 어떻게 보내야 할 것인가에 대한 고민 때문이기도 했다.

 지난해 7월에는 누님이 지병으로 88세의 일기로 돌아가셨고, 10월에는 72세의 형님이 암으로 돌아가셨다. 누님이 돌아가시고 홀로 남은 자형은 손수 식사를 해결하며 평일에는 혼자서 시간을 보내고 주말에는 아들 내외와 손자들과 함께 지낸다. 90세 노인이 스스로 식사를 해결하고 평일 하루를 혼자서 보내야 하는 것은 안타깝지만 달리 방법이 없어 어쩔 수 없는 일이었다.

 형님은 2년마다 받는 건강검진에서 간에 이상에 있다고 하여 종합병원에서 정밀검사를 하니 간암이라고 했다. 국회 사무처에 근무하는 조카가 이리저리 수소문하여 우리나라에서 제일 권위 있다는 의사에게 진료를 받고 수술을 하였지만, 수술한 지 3개월도 되지 않아 돌아가셨다.

 형님의 갑작스런 죽음과 누님이 돌아가시고 혼자서 시간을 보내야 하는 자형의 모습은 남은 삶을 어떻게 살아야 할 것인가를 고민하게 했고, 고민

끝에 하루하루를 경건한 마음으로 보내는 것부터 시작하기로 한 것이다.

형님처럼 갑자기 죽음을 맞이하게 되면 어떻게 해야 할 것인지를 곰곰이 생각해 보아도 특별한 방안이 없었다. 덜 후회스럽고 평온하게 죽음을 맞이할 수 있게 마음을 다스리고 가다듬는 것이 최선이 아닌가 싶었다. 그리고 나 역시 90세의 자형처럼 혼자서 식사를 해결하고, 평일에는 텔레비전을 벗 삼아 혼자 시간을 보내야 하는 처지가 되지 않는다는 보장이 없고, 그런 상황을 미리 준비하고 대비하는 특별한 방법도 없었다. 노년을 혼자서는 잘 보낼 수 있게 몸과 마음을 잘 다스리고, 죽음을 담담하게 맞이할 수 있도록 마음의 준비를 하는 것이 최선이 아닌가 싶었다. 그래서 하루를 시작하는 아침 식사를 하기 전에 간단한 기도를 하며 마음을 경건하게 하는 연습을 하기로 한 것이다.

기도를 어떻게 할 것인지를 고민하다가 그냥 두 손을 모으고 '가족이 건강하고 모두 가기의 일 잘하고, 나라와 세상이 평화롭기'를 조상님과 모든 신령께 기원하는 것으로 하기로 했다. 식사 때마다 주기도문을 외우고 성호를 긋는 기독교 신자도 아니고, 불교 경전을 좋아하고 절에도 다니지만 공양 때마다 오관게를 외우는 스님과 같은 수행자는 아니어서 경건한 마음으로 가족의 건강과 세상의 평화를 기원하는 것이다. 특별한 형식이 있는 것도 아니고, 평범하고 간단한 내용이고, 시간도 고작 2~3분 정도이다.

그런데 이렇게 기도를 하게 되니, 아침 식사 시간이 많이 차분해지고 조금 길어졌다. 조급하게 서두르던 마음이 다소 가라앉고 음식을 먹는 것도 천천히 먹게 되었다. 식사시간이 느긋하고 차분해진 것은 직장에 출근할 일이 없는 것도 큰 요인이기도 하겠지만, 기도를 하게 된 이후로 달라진 것이었다.

'말에 힘이 있다'는 것은 언어학자뿐만 아니라 많은 사람들이 이야기한 것인데, 가족의 건강과 세상이 평화롭기를 기원하는 말을 하니 마음이 차분해지고 경건해지는 것이었다.

그래서인지 생활에도 조금씩 변화가 나타났다. 아침에 일어나는 시간이 30분 이상 빨라졌고, 집사람을 도와 아침 식사를 위한 준비도 같이 하고, 집안 청소를 비롯한 자잘한 일도 집사람과 함께 하는 일이 많아졌다. 그러니 집사람도 기도 덕분에 많이 달라졌다며 좋아했다. 아침 식사를 하기 전에 2~3분 정도 하는 기도가 적지 않은 변화를 가져온 것이다.

그래서 더 큰 변화를 위해 기도 횟수와 시간을 조금씩 늘려 나가도록 해 볼 생각이다. 갑자기 죽음을 맞이해도 덜 후회스럽고, 자형과 같이 노년에 혼자되어 손수 식사를 해결하고 텔레비전을 벗 삼아 시간을 보내야 하는 처지가 되어도 담담하게 잘 견딜 수 있게.

사람을 보는 눈

선인들은 사람을 보는 눈이 있어야 한다고 했다. 공적으로나 사적으로나 교류하며 관계를 맺는 경우에 상대가 어떤 사람인지를 판단할 수 있는 눈이 있어야 한다는 것이다. 그렇지만 처음 대하는 사람을 어떤 성격의 인물인지, 어떤 생각과 가치관을 지닌 인물인지 판단하기는 쉽지가 않다.

선인들은 신언서판(身言書判)을 사람을 판단하는 기준으로 삼았다. 신(身)은 외모에 풍기는 기품이나 특징, 언(言)은 말을 함에 있어서 이치에 맞게 자신을 올바로 표현할 수 있는 논리정연한 말솜씨, 서(書)는 바르고 반듯한 글씨, 판(判)은 사물의 옳고 그름을 판단하는 능력이다. 이러한 기준으로 사람의 됨됨이와 능력을 판단했다는 것이다. 요즘도 이런 기준이 적지 않게 참고가 된다. 특히 말과 행동은 그 사람의 됨됨이를 판단하는 좋은 근거가 된다.

윤석열 전 대통령의 파면 과정을 보면서 사람을 보는 눈이 중요하다는 것을 새삼 깨닫는다. 대통령이 되어서는 안 될 사람을 대통령으로 뽑은 대가가 너무 컸기 때문이다.

윤석열은 대통령이 되어서는 안 될 사람이라는 것은 선거 과정에서 드러났다. 그는 구두를 신은 채 KTX 열차 좌석에 발을 올려놓는 사람이었다. 더불어 사는 공동체에는 최소한의 원칙과 예의가 있다. 인간으로 기본적인 양심을 지니고, 다른 사람에게 피해를 주지 않고, 공공질서를 지키고,

공공기물은 사유물처럼 사용해서는 안 되는 것 등이다. 이것이 지켜지지 않으면 공동체는 유지되기 어렵다. 구두를 신은 채 KTX 열차 좌석에 발을 올려놓는 것이 용인이 되는 사회는 더 이상 지키고 존중해야 할 것이 없는 사회이다. 그럼에도 윤석열을 대한민국 대통령으로 선출한 것이다.

그리고 그는 선거 기간 동안 손바닥에 왕(王)자 쓰고 다녔다. 이웃의 노인들이 손바닥에 왕자를 쓰면 좋다고 하여 그렇게 한 것이라고 했는데, 어느 무속인의 지도였다는 말이 떠돌았다. 대통령이 되어야겠다는 간절한 마음에서 손바닥에 왕자를 쓴 것이 문제가 되냐고 할 수도 있지만, 국정의 최고 책임자인 대통령이 되고자 하는 사람이라면 해서는 안 되는 행위이다. 국정의 최고 책임자는 국가의 중요한 일을 전문가들과 의논해서 합리적으로 결정해야지, 무속이나 미신에 의지해서는 안 된다. 무속이나 미신에 의지하는 비합리적인 사고는 무모하고 위험한 행동을 낳는다. 비상식적인 계엄령 선포가 그런 비합리적인 사고의 결과라 할 것이다.

그리고 그는 선거유세 중에 권투 선수들이 경기할 때 사용하는 글러브를 끼고 나와 '어퍼컷'을 올리는 행동을 자주 했다. 그가 글러브를 끼고 '어퍼컷'을 날리는 행동은 상대방을 한 방에 쓰러트리겠다는 의미였다. 그의 행동은 민주적인 선거를 하는 것이 아니라 상대를 때려눕히는 것을 말하는 것이었는데도 그의 지지자들은 환호하고 열광했다. 주먹으로 상대를 때려눕히겠다는 사람은 대화나 타협으로 정치를 하겠다는 생각이 없는 사람이다. 그런 사람이었기 때문에 국회가 의결한 사안을 20회 이상 거부권을 행사하고, 자기와 생각이 다른 사람들을 반국가세력으로 매도하고 척결해야 한다고 했다. 글러브를 끼고 상대를 때려눕히는 어퍼컷을 올리는 폭력적인 행동에서 그가 저지를 일들을 엿볼 수 있었는데도 보지 못했던 것이다.

앞에서 언급한 것들 외에도 그의 사람 됨을 엿볼 수 있는 일들은 적지 않았다. '자기의 직속 상관인 법무부 장관을 무시하는 오만하고 불손한 언행을 자주 했고, 국가의 공금인 검사특별활동비를 사용하고도 제대로 된 지출 내역서를 제출하지도 않았다. 그는 공개석상에서도 앉은 자세도 바르지 않았다, 두 다리를 쩍 벌리고 앉아 '쩍 벌린 남'이라는 별명이 붙을 정도였다.

그럼에도 우리는 그를 대통령으로 뽑았다. 사람의 됨됨이를 볼 수 있는 눈이 없었던 것이다. 사람을 보는 눈이 없으면 윤석열과 같은 사람을 대통령으로 뽑아 국가적 혼란과 엄청난 홍역을 치르게 된다.

윤석열이 대통령직에 있었던 근 3년 동안 국가 경제는 거덜이 나고 국민의 삶은 거의 파탄에 빠졌다. 그리고 그가 탄핵된 이후에는 그를 지지하고 옹호하는 사람들과 그 반대편 사람들 간의 반목과 갈등으로 엄청난 국력을 소진했고, 그것은 아직도 끝나지 않고 곳곳에서 물결처럼 일렁이고 있다. 윤석열이 대통령직에 있었던 동안의 국정 파탄과 그 이후의 사회적 갈등과 혼란을 금전적으로 환산하면 우리나라 몇 년의 예산에 달하는 금액이 손실되지 않았을까 싶다.

금전적인 손실뿐만 아니라 정신적 허탈감과 자괴감, 국민의 사기 저하, 국가 위신의 추락 등 물질로 환산할 수 없는 정서나 가치도 엄청난 손실을 초래했다. 특히 미래세대인 젊은이들과 학생들에게 끼친 영향은 더 컸다. 미래세대의 국가 지도자와 고위 공직자들에 대한 혐오와 불신은 값으로 환산할 수 없는 폐해이고 손실이다.

이 모든 것이 대통령 한 사람을 잘못 뽑은 결과였다. 같은 잘못을 되풀이하지 않기 위해는 제대로 된 사람을 공직자로 뽑는 눈이 있어야 한다. 그 사람이 하는 말과 행동을 보고 그 사람의 됨됨이를 판단하는 눈이 있어야 한다.

지식과 지식인

지식은 어떻게 쓰느냐에 따라 사람을 죽이고 세상을 어지럽히는 흉기가 되기도 하고, 사람을 살리고 세상을 밝히는 등불이 되기도 한다.

진시황의 책사였던 이사(李斯)는 '인재는 출신을 가리지 않고 재능에 따라 등용해야 한다'는 글로 발탁이 되어 재상에까지 올랐지만, 지식의 올바른 쓰임을 알지 못하고 지식의 남용만 우려하여 분서갱유(焚書坑儒)라는 참혹한 죄악을 저질렀다.

우리 역사에도 지식의 오용과 남용으로 참화를 일으킨 일이 적지 않다.

조광조가 중심이 된 신진 사류들의 개혁정치에 위협을 느낀 남곤, 홍경주 등 훈구세력들은 주초위왕(走肖爲王)이라는 해괴한 말을 만들어 조광조 등을 역적으로 몰아 제거했고, 송시열 일파는 자기와 생각이 다른 백호 윤휴를 사문난적(斯文亂賊)이라는 죄를 만들어 죽였다.

뿐만 아니다. 일제에게 나라를 바치는 데 앞장선 이완용을 비롯한 당시의 대신들과, 이광수를 비롯한 문인과 식자들의 모습도 지식의 오용과 지식인의 역할에 대해 반성과 성찰의 사례들이다.

최근 윤석열 전 대통령의 파면과 그 후 재판 진행의 과정을 보면서도 지식의 쓰임과 지식인의 역할에 대해 생각하게 된다. 윤석열 전 대통령의 헌법재판소 재판 과정에서 보았듯이, 그의 변호인은 대법관을 지낸 사람·헌법재판관을 지낸 사람·검찰 고위직에 있었던 사람 등이 포함되어 있었다.

그들은 법조인들이 선망하는 자리에 있던 사람들로 높은 법률 지식을 지닌 사람들이다.

　그런 높은 법률 지식을 지닌 사람들이 누가 보아도 분명한 불법 계엄으로 탄핵된 윤석열을 변호하고 옹호하기 위해 노력하는 것은 쉽게 납득이 되지 않는 모습이었다. 특히 윤석열 측근의 몇몇 변호인들은 궤변과 억지에 가까운 말들을 아무 거리낌 없이 했다. 윤 모, 석 모 변호사는 검찰 고위직에 있었다는 것이 의심이 될 정도였고, '나는 계몽되었다'고 공공연히 말하는 모 여자 변호사의 모습은 어안이 벙벙할 정도였다.

　지식을 올바로 쓰는 것은 어려운 일이 아니다. 내가 하고 있는 일이 무엇을 위한 것인가를 생각해 보면 된다. 조선시대 대표적인 지식인 다산 정약용 선생은 지식의 쓰임에 대해 '이것을 왜 하는가'를 생각해 보면 된다고 했다. 당연한 이야기이다. 배우고 익힌 지식이 자기 자신의 이익을 위한 것인가, 다수의 시민을 위한 것인가를 생각해 보면 된다. 그리고 다수의 시민을 위한 일도 의견이 엇갈릴 때는 그것이 가난하고 어려운 사람들에게 도움이 되는 것인지를 생각해 보면 된다. 나보다는 많은 사람들에게, 많은 사람들을 위한 일도 가난하고 어려운 처지의 사람들에게 도움이 되는가를 생각해야 한다는 것이다.

　배우고 익힌 지식을 올바로 쓰지 않고 개인적 이익과 소수 특권층을 위해 사용하게 되면 일시적으로는 안락을 누릴 수 있을지는 모르지만 역사는 용서하지 않는다. 세조의 책사로 출세한 한명회는 성종 때까지 3대에 걸쳐 영의정을 세 번이나 하며 영화를 누렸지만, 역사는 그를 권력을 탐하고, 권력으로 치부한 인물로 평가했다. 당대와 후세 사람들도 그를 '칠삭둥이니, 배추벌레니' 하며 비난하고 조롱했다.

　배우고 익힌 지식을 어떻게 쓰느냐는 개인의 선택이지만, 그에 따라 평가는 달라진다. 그래서 〈절명시〉를 쓴 매천 선생은 '글 아는 사람 노릇 하는 것이 어렵다'고 탄식했고, '망국의 지식인이라는 것이 부끄럽다'고 목숨을 끊었다.

김기원 편

- 이야기 있는 자전거
- 역경은 아름다운 미학
- 신체 변화가 멋을 채워 가는 삶
- 면역세포 증식은 밤을 좋아해

김기원

시조시인 수필 차시평론가, 1965 문학의 길 1994년 등단 철학박사 경상국립대학교명예교수, 한국차학회 고문 한국공무원문협 고문, 성문관유도회 고문, 한국문협 자문, 국제펜 한국본부 전이사, 한국문학협회 논설위원, 문학인신문 논설위원 남강문학협회장, 토산차연구원장, 국민훈장 목련장, 홍조근정훈장, 초의상, 차인상, 명예차인상, BBS 봉사대상, 문교부장관 상 대한민국봉사대상, 대통령상, 매월당 김시습 문학본상, 연암 박지원 문예대상, 대한민국문화예술명인전(문학부분) 외 짝설 차의 노래 외 8집, 칼럼집 논문 65편

e-mail: kkw5577@naver.com

이야기 있는 자전거

　자전거는 인류가 개발한 최고 운반기구이다. 지금도 중소도시 지방 농논은 운반기구로 사용하고 있다. 그렇게 편리한 자동차 운반문화를 경쟁하며 누구나 자전거를 손쉽게 이동 기구로 사용한다. 시대 문화에 뒤떨어지게 자전거 타기 문화를 고수한 필자는 현재도 타고 다니는 고물 자전거는 언제나 큰 화제 이야기로 등장한다.

　큰 화제의 자전거는 1965년 3월에 부산교대로 전학가시는 이○○ 교수로부터 3천5백 원에 구입하였다, 당시 팔자의 월급 6천4백 원 제 사항을 공제하면 수량 액 5천4백 원, 금년부터 60년 전 이야기로 올라간다.

　필자는 경남도청 교육국이 실시하는 실업계 교사 순위 시험에 응시하여 2등으로 합격하여 다른 농고로 발행이 예약되었으나 등급 1위 합격자 고○○ 친구가 병력 미필로 임용이 보류되자 좀 늦게 1964년 6월 16일 진주농림고등학교 유용식물, 산지 개발 담당 교사 외 농업경영, 농업측량 2명이 첫 교직 생활이 시작된다. 진주농고는 1910년 4월 대한제국 때 신 농업교육 공립기관으로 수원농림, 대구농림, 이리농림, 광주농림, 진주농림 5개교가 처음 개국된다. 역사와 전통을 자랑하는 농고에 2명은 저울대 출신인데, 진주농대 출신 젊은 교사가 초임 임용에 대한 관심과 기대가 큰 때 우연의 행운이라 생각하였다.

진주는 서부경남 중심 도시로 진주 출산보다 서부경남에서 "좀 났다" 하는 사람들이 주축이 된다. 그래서 진주 사람에게는 "진주 어디 사느냐" 꼭 물어야 개인의 현주소가 파악된다고 한다. 당시 시내버스가 없어 대부분 걸어 다녔다. 좀 먼 거리는 자전거. 우마차를 타고 다녔다. 일반의 운반수단은 지게, 리어카 단으로 운집하여 전국 자전거 도시로 유명하다. 요즘같이 자가용이 자전거 격이다. 진주 장날은 서부경남 사람이 운집하는 날이고 무엇이든 살 수 있었다. 그래서 진주민란, 형평운동, 3.18독립운동 자료에 진주 장날이 실증한다.

비단 공장이 무너지고 농기구회사인 (주)대공업이 큰 기업이다. 입사 초임 금이 1만 원. 공무원(4급이 현 8급) 5천4백 원. 농협 총임금 1만2천 원. 교직자가 존경받는 시대지만 일반 회사원보다 인기가 낮은 직업이 된다. 그 이유는 공장 근무자는 임금이 높고 공무원은 출장이 비교적 많다. 농협. 은행은 수당이 많다. 그런데 교직자는 하루 세 끼를 꼭 찾아 먹어야 하는 직업이고 모든 행사 비용은 분분 나누어 분담하였다. 그러니까 하숙집 주인인 경영주가 볼 때 교직자는 도움이 아니 된다는 이유를 알고 있다. 자전거를 소유한 교직자는 점심시간에 쉽게 집으로 갔어. 먹고 오겠지만 자전거가 없는 교직자는 매일 도시락을 싸서 갖다주거나 아침에 도시락을 싸 주어야 하는 불평등이 첫째 조건이다. 하숙 밥이라도 제때 얻어먹자면 이동 수단으로 자전거를 준비해야 될 실정이다. 그런데 당시 자전거 가격도 만만치 아니하였다. 당시 삼천리 자전거는 성능이 부족했다. 그래서 고물이든 간에 일제 품이 좀 영구적이라 비교적 선호하는 시대이다. 구하기가 하늘의 별 따기. 때마침 김 선배 교사가 부산교대로 이동하는 기회가 생기었다. 몇 차례 애원하여 그분의 고물 자전거를 인수를 결정하였다.

그런데 부산으로 전학하는 날 대금을 결정하고 인수하기로 상호 약속하였다. 자전거 대금을 얼마나 요구할까 고심하여 1천5백 원을 예비 금액을 준비하며 말빨 있는 이모 선배에 물었더니 2천 원은 요구할 것이라 예견한 값이었다.

1965년 3월 초 부산으로 떠나는 날이고 자전거를 인수하는 날이다. 동생, 이보라. 여러분이 자전거를 달라고 요구하였으나 동생이 제일 먼저 예약하여 다른 선생의 제안을 모두 거절하고 동생에게 준다. 그리 알아라, "뒷말 없기로 하자" 예. 크게 대답이 끝나자. 자전거 대금은 3천5백 원을 달라는 것이다. 그 순간 대답 없이 멍했다. 거절도 불가능하였다. 매달 원급 5천4백 원을 수령하여 하숙비 3천 원. 동생들 차비 1천 원. 후원금 3백 원을 제외하면 대학원 학습비가 걱정되어 낭패난 일이었다. 젊은 놈의 자존심으로 구걸하기가 싫었다. 선배님, 오늘 1천5백 원을 지불하고 나머지 금액은 12월까지 분할 상환하겠습니다. 그 외 대안은 구입 불가를 선언하였다. "그리 해라"는 답변으로 지불 각서. 영수증을 주고받고 자전거를 인수하고 인사하였다. 그날 밤 내 자전거란 소유에 취해 잠이 아니 왔다. 어느 때보다 고뇌와 애착. 절약을 우선 생각했다. 그러나 외수입이 없는 교직자가 빚 조기 청산이 매우 힘들었다. 6백 원의 빚은 너무나 크다. 다음 해까지 연기를 얻기까지 자존심에 상처를 받을 만큼 자전거에 대한 애착이 더 깊었다. 그리고 고등전문학교로 승격된다.

1970년대 경제 수준과 고등전문학교로 개칭되고 교사가 교수직으로 승격되자 자전거 타는 사람이 줄고 자가용차가 등장한다. 원로 교수가 고물 자전거를 타고 출퇴근하면 권위가 떨어진다고 야단이다. 세워 두면 어느

새 타이어 바람을 빼거나 아니면 바늘로 구멍을 내어 자전거를 못 타도록 하자 자전거 타는 교직자는 설 자리가 좁아졌다. 공석상에서 자전거 "빨리 버리라"고 면박을 준다. 학생들은 몇 차례로 타이어 바람을 빼는 사건이 있었다. 필자는 자전거에 대한 애착을 버릴 수 없었다. 그래서 대학 학보에 호소의 글을 쓴다. 〈대학이란 골동품 교수, 고집쟁이 교수 새내기 교수, 장애자 교수 등 다양한 교직자의 구성 인원의 연합체가 대학이고 교수들이다. 걷는 자, 장애자, 자전거를 타는 자, 고급 승용차 운전하는 자도 똑같이 교직자이다. 여러분! 달마대사는 얼굴이 도둑 같았으나 위대한 선사이다. 교직자는 확고한 주체성과 교육관이 중요하다. 여러분 앞에 현대란 페인트를 칠해야 할까? 사람은 사람이고 짐승은 짐승이다. 자전거 탄다고 교수가 아니요, 샘물은 깊을수록 맑고 골동품은 오래될수록 가격이 있잖아요. 대학에는 민주주의 공산주의 도둑놈주의, 걸인, 부자, 가난뱅이, 욕쟁이 등 전문 지식을 기르는 곳이 곧 대학교수 구성원이다, 여러분, 자전거 타는 교수도 골동품처럼 위대합니다.〉로 외쳤다. 그날부터 자전거를 못 타라, 타라는 논쟁 없이 "자전거 교수"란 별칭을 붙여 부른다. 고물을 고치면 언제나 새것, 그렇게 살아온 자전거 나이 60주년을 같이 살았다. 외부는 고물이나 부족 없이 늙었다. 현재 건강한 몸체로 오늘도 옛과 다름없이 목적지로 잘 달린다. 어느 훗날 스스로 박물관으로 갈 때가 가까워 온다.

역경은 아름다운 미학

뒤늦게 음악대학원을 졸업한 ㅈ군이 베토벤(Ludwig van Beethoven; 1770~1827)의 삶이란 책을 보내 왔다. 그룹사를 퇴직하고 뒤늦게 음악을 공부한 ㅈ군에 격려를 쏜살같이 보냈다. ㅈ군은 대학 시절 교수실 옆 녹동 차실에 와서 학생들과 가을의 귀뚜라미 밤을 능가하게 소고(簫鼓)을 불어 주어 아직 차실의 분위기에 새로운 기록으로 전한다.

베토벤(Ludwig van Beethoven; 1770~1827)은 독일이 낳은 세계적이고 불멸의 음악가로 유치원 때부터 들었던 유명한 이름과 약간의 생애에 대한 기억뿐인데 이 책은 평생에 대한 개요를 짝설차를 마시며 알게 된 내용이다. 베토벤은 가난과 실연, 병고에 시달리며 살았다. 또한 유명한 만큼 고뇌도 많았다.

그는 독일 퀼른이 가까운 라인 강변에 자리한 작고 누추한 다락방에서 태어났다. 아버지는 언제나 술에 취해 있는 테너 가수였다. 어머니는 하녀 출신. 음악 소리만큼 애정이 가득한 가정적인 분위기가 아닌 살벌자였다. 아버지는 아들의 우수한 음악 재능을 이용하러 음악 신동으로 홍보하여 어릴 적부터 생계에 도구로 삼으려 여러 방법을 구상하였다. 베토벤이 4세 될 무렵 아버지가 하루 몇 시간씩 억지로 크라브상(clavecin; 피아노의 전신)을 치게 하거나 바이올린을 켜도록 방에 강검하여 놓고 음악 공부를 강요하고 시험하였다. 그러니까 어릴 적부터 냉혹한 삶을 경험하며 살았다.

 어린 나이에 돈을 벌어야 할 의무감 때문에 압박감으로 청력을 잃어 들을 수 없게 됨은 음악인에게 신이 내린 죽음과 같았다. 하일리겐슈타트(Heiligenstadt) 요양원을 떠나 32세 자살을 결심하고 유서를 쓰고 목숨을 끊으려는 순간 한평생 병마와 살다 간 어머니의 모습이 떠올랐다.
 '내 죽음이 어머니에게 욕될까' 유서를 써 내려가면서 음악에 대한 열정을 깨달았다. 그는 죽을 결심만큼 다시 새로운 인생을 살겠다고 굳게 다짐했다. 비록 청력을 잃었으나 새로운 음악의 창작할 각오로 작곡에 몰두한 결과 제2교향곡, 오라토리오 감람산상의 그리스도 등 주옥같은 명곡들을 만들었으나 또 다른 위기가 따라왔다. 음악가로 한창 명성을 얻을 무렵 우울증에 두 귀의 청각을 완전히 잃고 실연의 아픔. 불운의 연속이 음악을 계속할 수 없는 고통 속에서 몸부림을 쳤다. 어느 날 문득 "나는 무엇을 위해 살았는가?" 정신이 번쩍 들었다.

 그 순간 그칠 줄 모르는 음악적 열정이 더 솟았다. 머릿속에 떠오르는 악보를 적기 시작했다. 천둥번개가 내려치는 듯한 웅장한 선율의 작곡이 생애 최고의 걸작을 낳았다. 그 일부는 완전히 소리를 들을 수 없게 된 마지막 10년 동안에 작곡하였다. 교향곡 제3번 영웅, 피아노 협주곡 제4번, 교향곡 제5번 운명 등은 모두 이때 탄생된 대작이다. 1824년 54세에 그의 마지막 작품이자 가장 유명한 걸작 교향곡 제9번 '합창'을 작곡했다. 베토벤이 이 마지막 교향곡(제9번 합창)의 연주회를 지휘하기 위해 빈으로 갔을 때의 일이다. 9번 합창곡의 초연은 베토벤의 지휘로 연주되었다. 초연에서 직접 지휘를 하지 못하고 옆에서 악보를 넘기며 박자를 맞추었는데 이번 연주는 대성공이다.

　관중들은 베토벤에게 아낌없는 박수를 쳐 주었으나 박수 소리가 전혀 들리지 않았다. 단원 중 한 사람이 베토벤의 몸을 돌려 관중석을 향하게 하였을 때에야 비로소 그는 성공을 거둔 것을 알고 눈시울을 적셨다.

　그토록 긴 시련 속에서도 꿋꿋한 의지의 힘으로 어려운 상황을 이겨 내고 주옥같은 악곡을 만들었던 것이다. "운명아 길을 비켜라, 내가 나간다."라며 마음속으로 굳게 외치며 어두운 운명의 벽을 깨트린 베토벤, 독일을 대표하는 낭만파 음악의 선구자, 불후의 명곡을 남긴 세계적인 음악가의 삶을 뒤늦게 알게 되어 많은 교훈을 주었고 명성이 있기까지 고뇌의 아픔을 이해하게 되었다.

　짝설차 한 잔 대접하기 위해 맛 향 색의 고뇌만큼 팽주의 어려움을 음악인의 삶을 비유하여 이해하였다. 이 시대에 대중 음악 가운데 국민이 선호하는 트로트 음악의 원조가 "풍짝이 아닌가". 초가집 술상에 숟가락 장단으로 가난한 삶을 부귀로 타령하던 노동요가 다른 대중음악을 능가할 만큼 세계인이 즐길 음악이 되었다. 고뇌와 갈등의 시달림에 위안을 요구하였던 토로트가 부귀한 시대에 생명력을 발휘하였던 대중음악으로 인기를 트로트 음악의 미학은 오늘에 우리가 바라는 가능성의 바람이고 저작 없는 국민가요이고 교향곡이다. 까다로운 씨앗보다 쑥쑥 자라나서 사회 헌신하는 씨앗을 누구나 가꾸고 심기를 바란다.

신체 변화가 멋을 채워 가는 삶

옛 어른들은 "남녀가 7살 이상 나이가 되면 함께 행동하면 아니 된다."란 속어가 있다.

요즘 가족의 구성, 사회적 논리상 전혀 이해가 안 되는 훈시라 하겠다. 그러나 인간을 한 동물로 볼 때 생리적 사회적으로 모두 이유 있다는 원칙적인 이론이 있다.

즉 암컷, 수컷은 어릴 적부터 외형, 내형이 다르다. 수컷은 강한 성격, 단단한 골격, 암컷은 잔잔한 행동, 애잔스러운 표현 등 외형적 차이로 쉽게 식별되며 신체적 발달, 생리적 변화도 확실히 다르다.

미국 카네기연구소는 가족 행동 평가에 '남자 자식을 가진 부모는 강하고 잔인하며 정이 부족하다. 여자 자식을 가진 부모는 언제나 애정의 표현이 강하고 잔잔하다'라고 평한 것처럼 남녀 간에 성적인 변화가 예민하고, 신체 발달이 잔인한 반면 여자는 순결성이 최고의 멋이고 삶이라는 의식적 공통성을 가져 어릴 적부터 어머니로서 사랑의 생산자란 교육이 필요한 동물의 본성이라 하겠다.

그래서 어른들은 어릴 적부터 '가정 체요', '아동 체요', '해부도', '가정경제' 등 남녀의 신체 발달 과정, 생리적 변화와 대책에 필요한 교육을 서적을 통하여 보완함이 매우 지혜로운 인격상이고 멋이다. 요즘 학교 교육 내용보다 더 상세하게 설명되어 많은 사람이 삶을 안내받는 가정문화와 과학 문화에 적응하여 단계적 멋을 누린다.

40대 이후 사회적 기반을 가진 생활이 비교적 안전하고 말처럼 뛰면서 행동반경을 넓히고 경제적 지출은 많으나 야심과 욕망이 불가사의한 경지에 달하여 자신관, 사회관, 국가관, 세계관, 역사관 및 인생 철학관을 정립시키며 세밀한 판단으로 사회생활에 임한다.

사업 역시 몸집이 불어나게 추진되고 축적하는 활동기의 연령을 그렇게 보내고 60~80대를 이루면 팔자 좋게 즐기며, 가정생활에 더욱 착실하여 가정, 종묘 등 서로 융합하는 인생을 살아가려고 노력한다.

결과적으로 볼 때 건강을 잃으면 모두를 잃는다. 9988123식 시기를 맞이했으면 하는 바람이다. 유명한 동물학자 '콘호드'는 생명체의 노화는 삶에서 죽음에 이르는 시기의 흐름이라 한다.

노화는 개인, 남녀 성별 차이는 있으나 유전자에 많이 관계한다는 의견이 지배적이나 인생은 "빈손으로 왔다가 빈손으로 간다는 원칙은 천년만년이 되어도 변함이 없다" 사람의 중요기관이 노화현상 되는 시기를 살펴보면 이렇다.

눈이 노화되는 때는 7~10세 서서히 진행되어 45~50세에 달하게 되면 비로소 노안(老眼)이 되는 것을 스스로 느끼게 된다고 한다.

또한, 입맛(味覺)은 13세 때부터 노화가 시작되어 40~50代가 되면 미각 신경이 노화하여 13세 전 어릴 적에 먹었던 음식 맛을 느끼거나 맛을 경험할 수 없다. 나이를 먹으면 먹을수록 짜게 먹게 된다.

체력은 17세부터 체력의 노화가 시작되며 운동 가운데 가장 체력을 많이 소모하는 운동이 자유형 장거리 수영이다. 올림픽 종목에 우승할 나이와 우승 선수의 나이가 17~18세 전후이고, 비록 우승자라 할지라도 4년 뒤 같은 종목에 우승을 기대 못 한다는 게 대부분의 생각이다.

혈관(血管)은 10~12세부터 노화가 시작되며 주근깨, 기미는 10세에 시작하여 25세쯤 눈에 띄게 된다. 특히, 혈관은 스트레스에 민감하여 심하게 노화현상이 가속화된다. 월남전 때 참전한 전사자의 혈관을 조사한 보고서에 의하면 20세 병사가 전사한 혈관이 40세처럼 혈관이 노화현상이 많았다고 보고되었다.

뇌(腦)는 20세 이후부터 노화가 시작되어 나이를 먹을수록 하루 뇌세포 10만 개씩 죽는다고 한다.

그런 출생할 경우 과연 뇌세포는 몇 개일까! 약 140억 개 정도로 일생 동안 늘지는 아니하지만 보통 사람들이 사용되는 뇌세포 수는 약 40억 개, 20세 후부터 하루 10만 개씩 노화하여 죽는다면 10년이면 3억 6천 개, 30년이면 약 10억 개가 죽게 되고 80세쯤 될 때 사용되는 뇌세포는 40억 개

된다.

 뇌세포가 약 20억 개로 떨어지면 죽거나 치매 증상이 강하여 자신의 행동 등 사물을 판단 못 하게 된다. 그래서 뇌를 많이 쓰면 뇌 단련이 잘 되어 뇌세포가 덜 죽게 되어 치매도 방지된다.

 또 녹차를 하루 3잔 이상 마시면 녹차에 함유한 10~18% 카테킨류가 음식물의 콜레스테롤 흡수를 억제하여 노화를 예방하며, 비타민 B 균류가 신경계통에 작용하여 뇌를 보호한다.

 또한, 비타민 P는 혈관 벽의 강화. 감마 아미노산(GABA)은 신경과민, 경련 저지, 고혈압에 효과가 인정되어 아름다운 삶을 만들 뿐 아니라 자신을 제어할 수 있는 힘도 생긴다.

 신체 변화에 생리적 변화가 생기면 그 생리적인 변화는 인간의 멋이고 삶의 창조라 하겠다.
 늙은이는 늙은이로서의 멋과 삶이 있고 젊은이는 젊은이대로 멋을 만들어 가는 변화가 인생이고 후회 없이 불평 없이 즐기는 멋이 최고가 아닐까.

면역세포 증식은 밤을 좋아해

생명체의 중요한 활동은 낮보다 밤에 더 강한 활동을 한다. 그런 문제의 생리적 현상에 미치는 과학적 이론은 제쳐 놓고 토산 차 한 잔 타임 여유를 가지고 시민상담의 자리에 밤이 싫어요, 호소하는 한 여인의 사연을 먼저 듣는다.

"밤이 싫어요, 너무 심하게 우울하네요. 누구와 만나 대화할 여유도 없어 눈꺼풀이 내려와 참기 힘들며 무슨 일에도 의욕마저 잃어 내가 무슨 병에 걸린 건가요. 밤이 싫어요. 치료가 가능합니까." 폐경기에 접한 여인이 호소한 내용이다. 필자는 전문인의 의견을 모아 문제 해결에 몇 가지를 소개했다.

생명의 모든 역사는 밤이 만들고 또 밤을 파괴한다. 밤을 싫어하는 사람은 자신을 관리하는 체내 호르몬 분비가 낮아 모든 생산력이 저하된다. 체내 세포의 생산력을 높이야 한다. 피로가 반복되고 의욕을 잃으면 우울증세가 생긴다. 여성호르몬을 우선 보충해야 된다. 호르몬 처방보다 스트레스에 관계되는 불규칙한 생활습관과 육류 중심의 식단을 자연 채식에 가까운 식성으로 천천히 변경해야 한다. 남편이 사랑에 자신 있는 호르몬 에너지원을 공급하여 밤의 시간을 연장하고 운동, 춤 건배 율동을 즐겨 밤잠을 충분히 자도록 노력하라. 가정에 묻어 자신의 피로를 증폭시키는 것 보다 자신만이 즐기는 문화 생활 활동을 통하여 자기의 세계를 넓이고 매사를 깔끔하게 꾸미기보다 그대로 두고 느끼고 즐기라.

　이런 답을 보낸 뒤 남편과 부인을 만남의 자리를 가졌다. 남편은 부인의 생활관이 달라짐을 매우 칭찬하는 기회에 필자가 살아온 직업대로 한바탕 열변을 토했다. 밤은 태양광선이 양 에너지로 작용하고 밤이 되면 달의 인력으로 음 에너지가 작용하기 때문에 낮에는 신체의 모든 기관이 동적 활동을 시작하다가 반대로 밤이 되면 동적 행위가 정지되고 고요한 행위가 왕성하게 시작된다. 만약 밤까지 동적 행위가 계속될 때 체력의 소모가 2~3배 높고 신체기능에 필요한 호르몬 분비의 균형이 역조현상을 일으킨다. 생산 능률의 저하, 내병성의 악화, 노화의 촉진 등을 초래하여 '반짝 청춘'이 된다고 보고된 바 있다. 야행성 동물을 제외한 인간은 낮에 열심히 움직이고 밤에 조용히 휴식하여 낮에 소모된 에너지를 보충할 여유를 갖는 것이 곧 지혜이고 생활의 규범이며, 밤을 아름답게 가꾸는 행위가 차 한잔 즐기는 인간의 삶이고 최고의 생활이다. 참선법이나 명상법은 밤을 즐기는 방법이다. 이런 영향을 받아 철새는 이동하거나 또 새로운 개체의 번식을 위해 낮을 즐기는 아름다운 소리를 낸다. 밤이면 나뭇가지에 몸을 의지하여 조용히 밤의 지혜를 얻어 하늘을 지배하는 새의 지혜에 과학자도 시인도 찬탄의 목소리가 높다.

　그러나 요즘같이 밤낮을 구별 없이 개방된 세상, 오히려 활동기의 낮보다 밤의 활동 무대가 더 넓어 가지만 생리적으로 볼 때 장려할 풍속은 못된다. 밤무대의 범위 확대는 노화 촉진, 신체 기능 저하 수명 단축 등 인간의 새로운 세포가 탈락당하고 변이 세포의 증식. 돌연변이 세포가 기형적 구조물로 진화시키는 것도 한 예이다.

신체 활동의 유용 시간이 밤 10시 이후부터 유용 세포증식을 시작하여 가장 활발할 시간이 새벽 1~2시가 절정이다. 이 시간엔 반드시 잠에 들어 있어야 된다고 학자들은 강조한다. 만약 이 시간까지 일하고 아침 늦게 일어나는 사람은 대부분 몸이 약하고 병의 감염을 초래하는 대상이 된다. 흔히 '반짝 청춘'이란 용어가 이런 생리작용 때문이다. 일찍 자고 일찍 일어나는 사람은 건강한 이유가 곧 잠 때문이다.

암 연구보고서는 암을 이기는 필수 조건의 하나로 '잠'을 꼽았다. 또한, 젊은 여성들이 유방암이 많이 생기는 이유가 대부분 늦게 자는 사람이라 했다. 가로등 불이 밤새도록 밝히고 TV, 컴퓨터가 잠을 방해하는 요소가 될지라도 한 끼 음식을 아니 먹어도 잠자는 방법을 찾아야 한다. 농민이 하루 종일 강한 노동과 햇빛을 쬐이지만 잠을 유도하는 호르몬인 멜라토닌이 뇌의 송과 체에서 분비를 촉진한다. 송과 체는 낮에 햇빛을 많이 받아 활동이 왕성함으로 멜라토닌은 암세포, 잠을 방해하는 세포를 억제하여 동시에 항암 효과, 숙면 효과로 건강을 얻는 보약을 만든다. 또 낮에 햇볕을 쬐면서 적당히 농사일하고, 토산차 타임, 운동 등산을 할 경우 인체의 내병성 축적과 암세포를 제압하는 충분한 잠을 얻는 방법이 곧 '저녁 11시 이전엔 반드시 잠자리에 들라'를 권하고 있다.

이영달 편

- 생일 선물
- 마일리지
- 진료 확인서

이영달

경상국립대학교 대학원 국문과 수료 동대학원 산림자원학과 석사
〈에세이 포레〉에서 신인상을 받았고, 이후 한국문협, 펜클럽, 진주수필문학회, 뉴욕 미동부문학회 회원으로 활동하며, 수필집으로 〈색동고무신〉이 있습니다. 심심하여 진주서 '글꽃향기'란 사랑방도 열어 놨습니다.

생일 선물

시간을 금가루보다 더 아끼며 사는 딸이 집에 들어서자마자 서둘렀다.
"엄마 백화점 가자."
"뭣하려고?"
"어제 준모 목욕시켰는데 갈아입힐 옷이 없더라. 갔다 와서 애기들 밥 챙겨 먹여야 하니까 빨리 갔다 오자."

결혼을 일찍 한 친구들은 아이들이 유치원을 다니고, 학교에도 다니는데 결혼을 늦게 한 탓에 아들은 두 살짜리, 딸은 한 살짜리를 둔 새내기 엄마다. 새내기 엄마는 늘 바쁘다. 친구네 아이들이 입던 옷을 얻어다가 1~2세, 3~4세, 12세까지 표시를 한 박스를 쌓아 놓고 아이들이 커 가는 대로 꺼내 입히는데, 지금 당장에 입힐 만한 옷이 마뜩잖았던 것 같다.

백화점에 들어섰다. 아이들 옷 파는 가게를 찾아 상가 복도를 후다닥 걸어갔다. 뒤를 따라가던 내게는 여성복 매장에 있는 마네킹이 눈에 들어왔다. 검정색 코트를 입은 마네킹이 나를 유혹했다. 내가 뉴욕으로 올 때 한국엔 이른 가을이었다. 미처 겨울 옷을 챙겨 오지 못했다는 생각이 들었다. 발을 멈추고 코트를 만져 보는데 점원이 다가와서 저 옷이 마음에 드느냐고 물었다. 나는 그냥 웃었다. 점원이 얼른 가서 마네킹의 옷을 벗겨 왔다. 내가 옷을 받으려고 순간 딸이 와서 뺏다시피 그 옷을 누워 있는 진열대 위에 던졌다.

"엄마 여기서 어정거릴 시간 없어 어서 집에 가야 돼." 그러면서 홱 돌아섰다.

나는 무춤했다. 점원 보기에도 미안했다. 어색한 웃음을 흘리며 딸을 따라 걸어오는데 내가 어쩌다가 뉴욕까지 와서 딸에게 이런 대접을 받나 싶으면서, 화도 나고 서럽고 한 마음이 북받쳐 올랐다.

친손자 외손자, 두 살, 세 살, 네 살, 아홉 살짜리까지. 넷을 봐 주어도 힘들다는 눈치 한번 보인 적이 없었다. 뭘 사 달라고 한 적 없었다. 엄마가 되어 자식에게 뭐 하나 제대로 해 준 것이 없어 손주들 잘 돌봐 주려고 애를 썼었는데 한때 유아원을 운영했던 경험이 있어 유아교육이 얼마나 중요한가를 알고 있었기에 아이들에게 할머니의 성심을 있는 대로 쏟아부었었다.

부모도 돈이 있어야 자식들 앞에서 떳떳할 수 있다고 말들 했는데 그게 내게도 현실이 되었다 싶었다. 손주고 뭐고 다 내버려 두고 지금이라도 돈을 벌 궁리를 해야겠다는 설움까지 벅차 올랐다. 어차피 여기 왔으니 이번만 열심히 봐 주고 다음부터는 안 와야지, 마음을 다지며 시간을 보내고 있었다.

"오늘이 엄마 생일이다."

그제서야 내게도 생일이 있다는 생각이 났다.

'오늘이 내 생일이라구?'

뉴욕에는 달력에 음력이 없다. 설사 달력에 음력이 있다 해도 달력에 동그라미 칠 일이 없었으니 내 생일이 언제인지 잊었지 싶다. 내 생일이 언제인지 잊고 있었다.

나는 아들이 내밀어 주는 의자에 앉았다. 케이크를 중심으로 아들딸, 가족이 둘러앉았다. 손주들이 생일 축하 노래를 귀엽게 불러 주었다. 손주들 재롱을 보면서 나는 복 많은 할머니라는 생각이 들었다. 애들을 방에 들여

보내고 며느리가 봉투를 내밀었다.

"적지만 용돈하이소."

그런데 딸이랑 사위는 서로 눈짓을 하더니 저쪽으로 가서 둘이서 소근거렸다. 무슨 일이나 생긴 듯이, 가족들 앉혀 놓고 기분 안 좋게 뭘 수군거리나? 언짢은 생각이 들었다.

사위가 방에 들어가더니 쇼핑백을 들고 나왔다. 그 쇼핑백을 딸이 받아서는 불쑥 내밀었다.

"엄마 생일 선물." 옷을 내밀었다. 내가 얼떨결에 옷을 받아 들었다.

"저번에 백화점에서 본 옷이 이 옷 맞지. 입어 봐!"

나는 좀 놀라서 옷을 들여다보았다.

내가 만져 보던 옷을 딸이 바쁘다며 뺏다시피 매대에 던졌던 그 옷이었다.

옷을 입어 보았다. 꼭 맞았다. 애들이 이쁘다고 엄지를 세워 주었다. 나는 웃음이 나왔다. 그날 서러웠던 기분이 물거품처럼 꺼지면서 그동안 꽁했던 마음이 붉은 해당화 봄바람에 피듯이 풀려버렸다.

지금도 그 코트를 입을 때면 그날을 회상한다. 그리고 꽁했던 철없는 엄마를 바라보며 미안해한다.

마일리지

한때 나는 뉴욕을 자주 오가며, 다이아몬드 회원 대우를 받을 만큼 비행기를 많이 타던 시절이 있었다.

그 시절 공항은 일상이었고, 항공사 직원들의 얼굴도 낯익었다. 그러나 코로나가 시작된 이후, 뉴욕에 갈 일이 끊기자 자연스레 비행기와도 멀어졌다.

이따금 동남아처럼 가까운 곳을 여행할 때는, 이름도 생소한 소규모 항공사를 타기도 했다. 여행이란 그저 떠나기만 하면 되는 줄 알았지만, 익숙했던 것들과 거리가 생기자 다시 낯설어졌다.

그러던 어느 날, 2년 만에 다시 뉴욕을 가게 되었다.

그동안은 늘 딸이 항공권을 예매해 주었지만, 이번만큼은 스스로 해 보고 싶었다. 그래서 직접 인터넷을 뒤져가며 항공권을 찾아봤다.

나는 직장도 없고, 사업이나 무역과도 전혀 관계없는 사람이라, 외국 항공사까지 뒤져 가며 루프트한자, 아고다 등 다양한 경로를 비교했다.

싸게 가고 싶은 마음은 나이와 상관없이 여전했다. 종심소욕불유구(從心所欲 不踰矩)의 나이를 넘겼지만, '아끼는 마음'은 여전히 살아 있었다.

그렇게 겨우 항공권을 구했고, 출국 당일.

인천공항에서 수속을 밟던 중, 여권과 비자를 보여 주자 직원이 영주권을 요구했다.

순간 머릿속이 하얘졌다. 나는 미국 영주권자라는 사실만 기억하고 있었지, 그걸 증명할 카드가 따로 있다는 것은 완전히 잊고 있었던 것이다.

그래서 평소처럼 여권과 뉴욕 운전면허증만 챙긴 채 공항에 도착한 것이었다.

딸에게 전화를 걸어 상황을 설명하니,
"엄마, 영주권 꼭 챙기라고 했잖아. 왜 또 까먹었어."
라는 말과 함께 내 영주권 사진을 보내 왔다.

직원에게 그 사진을 보여 주며 사정을 해 보았지만, 규정은 단호했고, 예외란 없었다.

항공권은 내가 예매했지만 결제는 딸의 카드로 했기에, 환불 절차도 만만치 않았다.

불확실한 날짜와 시간 속에 일단 취소부터 해 두었고, 나는 인천공항에서 다시 집으로 돌아가야 했다.

그보다 더 힘들었던 건, 모두가 잠든 새벽녘에 23킬로그램이나 되는 캐리어 두 개와 작은 캐리어, 등에 매고 있는 백팩, 손에 들고 있는 가방을 2층 계단 위로 끌어올리는 일이었다.

눈 한번 붙이지 못한 채 영주권을 찾았고, 집에 올린 가방을 다시 들고 내려와야 했다.

진주 개양에서 공항버스를 타고 다시 인천공항으로 향했다.

이번에는 오늘 바로 떠날 수 있는 비행기여야 한다.

이 무더위에 자식들 주겠다고 가방 안에 넣은 식품들이 상할지도 모르는데, 집에 갔을 때 내가 너무 지쳐서 가방을 열어 보고 싶은 엄두가 나지 않아 걱정은 되어도 그대로 가져왔다.

아시아나항공 창구로 가서 항공권을 다시 예매하려 했는데, 직원이 내 마일리지를 확인하더니 말했다.

"왕복으로 예약하시면 전부 마일리지로 가능합니다. 편도로만 끊으시면 요금이 들어가요. 그런데 마일리지를 안 쓰셔서 4만 마일이 이미 소멸됐네요. 너무 아깝죠."

그러면서도 아직 5만 마일이 남아 있으니 잘 활용하라고 친절하게 설명해 주었다.

그 말을 듣는 순간, 예전의 한 장면이 떠올랐다.

사천에서 서울로 가는 비행기를 타러 갔던 날, 지갑을 두고 나왔는지 오다가 잃어버렸는지 수중에 지갑이 없었다. 돈은 없어도 서울 가면 동생이 마중나올 거라 약속 시간 어기지 않을려고 비행기를 탈 수 있는지 알아보니 마일리지가 쌓여 있어 아무 문제 없이 탑승할 수 있었던 기억.

그때도 참 고마웠다.

이번에도 성수기라 항공료가 꽤 비쌌는데, 결과적으로 마일리지를 써서 '공짜'로 뉴욕에 가게 되었다.

비록 4만 마일이 사라진 건 아깝지만, 돌아보면 그보다 더한 얻음이 있었다.

삶도 어쩌면 이 마일리지처럼 돌아오는 것 같다.

내가 의식하지 못한 사이 쌓여 있던 선행, 배려, 헌신 같은 것들이 어느 날, 전혀 예상치 못한 순간에 나를 돕고 있다는 걸 느끼게 된다.

그날 공항에서 나는, 잊고 지냈던 마일리지 덕분에 다시 한번 삶의 조용한 선물을 받았다.

진료 확인서

그렇게 철저히 준비했건만, 입국 심사는 말 한마디 없이 끝났다.
"야호!" 외칠 새도 없이 허탈함이 밀려왔다.

뉴욕에 도착한 시간은 밤 11시 30분.
비행기는 활주로에 착륙하고도 한참을 움직이지 않았다. 앞선 항공편에 문제가 생겼다나.
공항 밖에서 기다릴 아이들과의 약속이 떠올랐지만 연락은 닿지 않았다. 마음이 조급해졌다.

영주권자가 한국에 오래 머물면 입국 심사가 까다롭다는 말에, 병원 진료 기록을 준비해 오라고 했다.
진주와 사천 지역 병원 열한 곳. 발급비만 해도 20만 원이 넘었다.
어떤 병원은 수술 중이라 서류를 당장 줄 수 없었고, 어떤 곳은 의사가 없어서 며칠을 더 기다려야 했다.
수요일은 오전만, 목요일은 통째로 진료하지 않는 병원도 있어 애를 태웠다.
우여곡절 끝에 서류 한 뭉치를 손에 쥐고, 되돌아가는 일만은 없기를 바라며 뉴욕으로 날아왔다.

밤 12시가 넘었는데, 수하물 벨트가 고장이었다.
요란한 비상벨 소리가 계속 울리는데, 직원은 보이지 않고… 제발 좀 고쳐졌으면 했다.

카트를 빌리려니 6달러. 카드도 없었는데 다행히 1달러짜리 지폐가 여섯 장 있었다.
작은 금액이지만, 필요할 때 있다는 게 이토록 반가울 줄이야. 없었더라면 한참을 지체했을지도 모른다.

겨우 짐을 챙겨 나오니, 사위가 대기실에서 손을 흔들고 있었다.
인사를 나누고 함께 주차장으로 가니 차 안엔 딸과 손주들이 기다리고 있었다.
늦은 밤인데도 졸지도 않고, 반짝이는 눈으로 할머니를 맞이하는 모습이 사랑스럽고 고마웠다.
지치고 길었던 하루가 손주들 눈빛에 스르르 녹아내렸다.

집에 도착하자 딸이 뭐라도 먹으라고 했지만, 괜찮다며 방으로 들어왔다.
방 다섯 개 중 하나는 사무실, 그 옆 방이 내 방이었다.
짐을 풀며 선물과 물건을 정리하다 보니 어느새 새벽.
슬슬 배가 고파져 냉장고를 열었더니, 가지런히 썰어 유리 그릇에 담아둔 수박이 눈에 띄었다.
몇 조각만 먹자며 그릇을 꺼내려다, 그만 손에서 미끄러졌다.
두꺼운 유리 그릇이 두 번째 발가락 마디에 떨어졌다.
순간 고함이 나올 뻔했지만, 두 손으로 발을 움켜쥐고 꾹 참았다.

금세 멍이 들고 부어올랐다.

아침이 되어 딸에게 말했다.
"그릇이 무겁고 두꺼워서, 익숙하지 않아서 그랬어."
뉴욕 오기까지 쉽지 않았던 길. 그냥 좀 쉬라는 신호려니 했다.

그런데 그날 오후, 코네티컷에 사는 친구가 찾아왔다.
며칠 자기 집에서 쉬다 가자며 데리러 온 것이다.
고마운 마음에 따라가려다 문득 말했다.

"나, 병원부터 가야 할 것 같아."
뉴욕까지 와서, 진료 확인서를 또 떼야 할지도 모르겠다고~

양동근 편

- 갈매기의 꿈
- 버킷 리스트
- 애처가

그리움은 채소처럼 푸르다

불면의 밤을 지새우며 한 글자 한 글자 써 내려간 이 책은, 단순한 에세이가 아닌 저자의 삶의 기록이자 그가 세상을 바라보는 따뜻한 시선이 담긴 작품이다. 독자들은 이 책을 통해 한 사람의 삶을 들여다보고, 그 속에서 자신의 삶을 되돌아보는 계기를 가질 수 있을 것이다.

- 출판사 서평 중에서 -

양동근

전원문학회의 회원으로 말꽃 3집에 수필을 올리게 된 것을 기쁘게 생각합니다.
경상대학교를 68년도에 졸업하였으니 벌써 57년의 세월이 흘러갔습니다.
마음은 이팔청춘인데 어느새 인생의 후반기에 접어든 것을 생각하면 세월의 무상함을 느끼게 합니다.
전원문학회 문우님들 중에는 필력이 뛰어나고 사회 생활에서 공헌한 분들이 많습니다. 저는 2008년 2월에 수필로 등단해서 뒤늦게 전원문학회원으로 가입하게 된 것을 행운으로 여기고 진심으로 감사드립니다.
또한 전원문학회를 이끌어가시는 손국복 회장님, 정준규 간사님과 회원 여러분에게도 건강과 행복이 함께 하시기를 기원합니다.

진주고 졸업(33회)
경상대학교 축산과 졸업
한국문인협회 회원, 부산문인협회 회원, 전원문학회 회원, 리더스 에세이 회원
수필집: 그리움은 채소처럼 푸르다(좋은땅출판사)

갈매기의 꿈

 이 글은 국립경상대학교 학보사 편집국장을 역임한 윤석년 기자(journalist)의 삶을 조명하고자 필자와 교류한 시간을 통해서 단편적인 내용을 간추려서 올리게 되었다. 윤석년 기자는 경남신문사 공채 1기로 입사해서 편집국장과 주필을 역임하였으며 경남도민일보로 이적해서 편집국장, 논설주간을 역임하였다. 그가 지역 언론계에서 승승장구한 배경에는 책임감이 투철하며 공동의 목표를 향해 노력하도록 동기를 부여할 수 있는 리더였기 때문이다.

 그는 지역 언론의 발전에 수많은 업적을 남기고 공헌하였으며 2024년에 별세하였다. 그가 타계한 소식을 "전원문학" 단톡 방에서 처음으로 알게 되었다. 회원들의 댓글도 인상적이었다. "아하, 선배님께서 세상을 버리셨군요. 2015년 뵈었을 당시 결기를 깊이 감춘 인상이셨는데, 술은 드시지 않더군요. 명복을 빌 뿐입니다. 모처럼 지는 해가 앞산을 비춥니다"라는 글이 눈에 띈다. 또 다른 회원의 댓글에는 "오래 살아남는 자가 이기는 거"라는 댓글도 있었지만 나는 마음이 무거워져 방을 나오게 되었다. 그는 대학 시절과 사회 생활에서 교류하였던 수많은 사람들 중에서도 남다른 개성을 지닌 친구로 우정의 소중한 가치가 무엇인지를 무언으로 가르쳐 주었다.

그는 걸어갈 때는 발뒤꿈치를 들고 살살 걷는 까치걸음의 달인이고 깐깐한 성품의 소유자지만 정의감이 강하였으며 의리가 있었다. 그는 경상대학교 캠퍼스 시절 학보사 편집장으로 교내 신문사와 문학 동아리의 중심 역할을 하였다. 나는 문학 동아리에 참여하지 않았으나 수시로 편집실을 출입하였다. 그는 철봉과 평행봉으로 체력 단련을 하였으며 팔씨름에 일가견이 있어 노하우를 전수받은 적이 있었다. 그의 이론은, 상대의 손을 잡을 땐 팔꿈치는 자기 쪽에 가깝도록 잡고 손은 상대보다 위를 더 많이 잡아야 하며 전완근만 쓰지 말고 이두나 삼두, 어깨의 힘을 사용하는 것이 중요하다고 설명하였다.

어느 날 그가 필자의 가친이 경영하는 동성양화점에 들렀을 때 나와 교제하는 여고생과 조우하게 되었으며 인근에 있는 커피숍으로 자리를 옮겨서 대화를 나누게 되었다. 그가 불쑥 내뱉은 말은 의외였다. "여고생과 교제하는 것은 도의적인 책임이 따르는 것이다"라고 일침을 주었다. 나는 환하게 웃으면서 "내 사전에 불장난은 없다"라고 응수하였으며 그날 커피숍에서 주고받은 대화가 사랑의 불씨가 되어 대학을 졸업하던 해에 여고생과 결혼해서 부부의 인연을 맺었다.

그는 ROTC 후보생을 지원해서 같이 훈련을 받았으나 적성에 맞지 않는다는 이유로 자퇴하고 사병으로 병역을 필한 후에는 경남신문사 공채 1기로 입사하였다. 그는 자타가 공인하는 민완기자로 인정을 받았으며 기획, 출판담당이사, 편집국장, 이사, 논설 주간으로 승진하였다. 또한, 그가 성공의 여세를 몰아가는 이면에는 초등학교 교사로 재직하는 아내의 내조가 컸다는 사실을 지인들은 이구동성으로 인정하였다.

그러나, 그에게도 호사다마가 따르는 것을 피할 수 없었다. 그의 아내가 갑자기 사망하는 슬픔을 겪었다. 나도 부음을 받고 황급하게 달려가는 과정에서 양복 상의를 택시 안에 벗어 두고 와이셔츠만 입고 문상하였던 일이 떠오른다.

그는 신문사 업무에 몰두해서 아내의 건강을 지켜 주지 못하고 자녀들과 오붓한 시간을 갖지 못한 것을 만시지탄으로 후회하고 있었다.

96년도에 필자가 서울의 송파구에서 헬스장을 신설하고 개관하였을 때 그는 마산에서 택시를 대절하고 개관식에 참석하여 하룻밤을 보내면서 들려준 이야기는 특별하였다. 그가 신문사에서 업무를 진행할 때는 매일 담배를 3갑 이상 피웠으며 정기적인 건강검진 시 폐에 이상이 생겼다는 판정을 받고 금연하였던 일화를 들려주었다. 그가 금연 중에 기사를 쓰려고 하면 머릿속에서만 빙빙 돌아다니고 밖으로 흘러나오지 못하는 금연 금단증상을 겪었다고 하였다.

만약 글을 쓰지 못한다면 어떤 결단을 내려야 할 것인지를 자문자답하면서 평소에 좋아하는 시인 릴케의 글귀를 음미하였다. 그가 애송한 '릴케의 시인에게 주는 충고'를 소개한다.

마음 속의 풀리지 않는 모든 문제들에 대해 인내를 가지라/문제 그 자체를 사랑하라/지금 당장 해답을 얻으려 하지 말라/그건 지금 당장 주어질 순 없으니까/중요한 건 모든 것을 살아 보는 일이다/지금 그 문제들을 살라/그러면 언젠가 먼 미래에/자신도 알지 못하는 사이에/삶이 너에게 해답을 가져다 줄 테니까.

그는 릴케의 충고를 받아들이고 3개월 만에 금연을 해제하였으며 다시 담배를 피웠더니 꽉 막혔던 글이 봇물 터지듯이 쏟아져 나오게 되었다. 2008년도 여름에 필자가 부산의 변두리 지역인 가락 타운에서 헬스 기구 매장을 경영하고 있을 때 그가 예고 없이 방문한 적이 있었다. 낡은 건물의 2층과 옥상에 헬스 기구를 전시하고 판매하는 현장을 목격하고 나서 "이런 방식으로 영업을 해도 장사가 되느냐"라고 물어보았다.

나는 계면쩍은 표정을 지으면서 형편이 나아지면 매장을 올길 계획이라고 답변하였다. 그는 잠잠하게 나를 바라보면서 더 이상 물어보지 않았다. 그는 "격려금"이라고 적힌 봉투를 나에게 건네주고 떠났다. 그리고, 약간 머뭇거리면서 침착하게 "내가 살아 보니 삶은 역경을 이겨 내는 과정이고, 시련은 견뎌 내는 것이다."라고 말하였다.
그의 말을 듣고 보니 그는 인생의 발효와 숙성이 잘된 사람이었다.

그가 사무실을 다녀간 이후로는 가끔씩 생각날 때마다 전화로 소통하였으며 경상대학교 동문 체육대회에도 함께 참석하였다. 2014년 그가 경남도민일보의 고문으로 재직 시 경상대학교의 개척언론인상(7회)을 수상하였다는 소식을 듣고 축하의 전화를 걸었더니 밝은 목소리로 반세기가 지난 시절의 이야기를 화제로 삼으면서 아내의 안부를 물어보았다. 그날 이후로는 2021년 여름에 그의 목소리가 그리워서 전화를 걸었는데 "없는 번호"라는 ARS 응답을 듣고 난감하였지만 언론인 출신 동기에게 부탁해서 변경된 연락처를 확인하고 통화할 수 있었다.

전화기 너머로 들리는 그의 목소리는 예전처럼 밝지 않았으며 근황을 물었더니 기원에서 취미생활을 한다고 하였다.

'그럼, 언제든지 시간을 내서 한번 만나자'라고 제안하였더니 "당분간은 어려울 것 같다"라고 말했으며 그것이 마지막 통화가 되고 말았다. 이제 와서 나의 부족함을 후회한들 무슨 소용이 있을까 생각한다.

그는 리처드 바크의 책 '갈매기의 꿈'에서 조나단 리빙스턴처럼 단순히 먹이를 찾는 새가 아니라 꿈을 이루기 위해서 우주를 향해 힘차게 날아 오른 주인공이었다. 그는 청렴결백하였으며 촌지를 받지 않는 정풍운동을 국내 최초로 선도하였던 기자로 알려졌다. 그는 슬하에 남매를 두었는데 장녀는 결혼 후 아버지의 주택 부근에 거주하면서 의식주를 지원하였고 막내아들은 결혼 후에는 분가하였다.

윤석년 기자는 필자와 동갑이며 진주고등학교 일 년 선배이고 경상대학교 동창으로 맺어진 인연이다. 그가 자신에게 주어진 기자의 사명을 다하고 더 나아가 부족한 친구를 위하여 바다처럼 넓고 깊은 우정을 베풀었기에 진심으로 감사하는 마음을 전하면서 고인의 명복을 빌어 드린다.

버킷 리스트

자신의 내면을 돌아보고 간절한 그리움 속에 빠져들면서 2025년 6월 14일 진주시 옥봉동 476번지를 방문하였다.

그것은 할머니가 남겨 주신 열매가 무엇인지를 알고 싶었기 때문이다.

어린 시절에는 할머니 집 툇마루에 앉아서 두 팔을 머리 위로 올린 채 상쾌한 공기를 마시면서 자유롭고 평화롭게 살았다.

대학을 졸업할 때까지는 옥봉동의 할머니 집은 변함없이 그 자리를 지키고 있었지만 필자가 대학을 졸업하고 전방에서 군복무를 할 때 매매하였다.

할머니는 예순여덟에 숙환으로 별세하였으며 그날 이후로는 객지에서 생활하였기에 할머니 집의 추억을 가슴속에 품고 살았다.

지난날에도 할머니의 집터에 교회가 들어섰다는 얘기를 인근에 살았던 친구로부터 들었으나 이미 보금자리의 의미를 상실한 곳을 찾아간들 무슨 소용이 있을까라고 생각하였다.

그러던 중 지난 4월 19일 진주고 100주년 기념행사 시 부산에 거주하는 선배가 동행할 것을 제안하였지만 개인 사정으로 기회를 놓쳤으며 하필이면 선배 혼자서 진주를 다녀온 지 보름 만에 뇌출혈로 별세하는 일이 벌어졌기에 삶이란 한 치 앞을 내다볼 수 없다는 사실에 충격을 받기도 하였다.

  선배와 함께 동행하였더라면 변고가 생기지 않았을지도 모른다고 의구심을 갖게 되었는데 마침 할머니 집 근처에서 생활하였던 친구로부터 연락이 왔었다.
  용건은 6월 14일 정오에 진주고 동기들에게 점심 식사를 제공하는데 그동안 멀리 떨어져 생활하였던 친구들과 만나서 회포를 풀면 어떻겠느냐고 타진하는 것이었다.

  이번에는 기회를 놓치지 않겠다는 결심으로 흔쾌히 승낙하였지만 가는 날이 장날이라고 장대비가 엄청 쏟아지는 가운데 서부 터미널에 도착하여 진주행 직행버스에 승차하였다.
  우천 관계로 예정된 시각보다 조금 늦게 장대동 시외버스터미널에 하차하였으며 인근에 있는 카페로 들어가서 오○ 동기에게 전화를 걸었더니 약속을 지켜줘서 고맙다고 칭찬하였다.

  잠시 후 그가 커피숍에 도착하였으며 우리는 곧바로 오늘의 일정을 상의한 뒤 밖으로 나가서 17세부터 출입하였던 장대동 신흥체육관을 방문하였다.
  거기는 대학을 졸업할 때까지 단골로 드나들면서 웨이트를 즐겼으며 초대 관장은 강대본 씨이며 진주에서는 최초로 문을 열었던 헬스클럽이다.
  그곳의 초창기 헬스 기구는 강대본 관장이 미국의 머슬 잡지를 보고 직접 헬스 기구를 제작하였다.

필자가 32세 때는 진주남중 씨름부 선수들과 동계훈련을 약 3개월 이상 하였으며 83년도에는 김해 농고 씨름부를 인솔해서 견학하였던 유서 깊은 헬스클럽이다.

강대본 관장이 별세한 후에는 역도 국가대표 선수를 역임한 강상기 관장이 2대 관장으로 승계하였는데 약 2개월 전에 폐관하였다는 이야기를 동네 주민으로부터 듣고 아쉬운 마음을 금치 못하였다.

나는 친구의 안내를 받아 두 번째 행선지인 진주고 33회 동기회 사무실로 이동하였는데 거기서는 약 10여 명의 동기들과 반갑게 인사를 나누었다.

그들 중에는 대학교를 졸업한 후에 처음으로 상봉한 친구도 있었으며 ROTC 동기도 3명 있었는데 모두가 나이에 비해서 건강한 모습이었다.

진주시 교육장을 역임한 동기는 경남교육청에서 연수원장을 역임한 어○(학군 12기) 후배와 연락이 끊어진 것을 알게 되었으며 소통의 기회를 만들어 주었다.

나는 동기들과 함께 점심 식사를 마치고 오늘 일과의 하이라이트인 버킷리스트를 실행에 옮기기 위해서 이웃에 거주하였던 장○, 오○ 동기와 함께 도보로 옥봉동 지역을 답사하였다.

할머니 집에 당도해서 집터를 살펴보니 교회가 자리 잡고 있었는데 예전의 남새밭과 주택이 헐린 자리가 면적이 아주 넓다는 점을 이해하게 되었다.

어린 시절에는 대청마루에 올라가서 시내를 굽어보면 옥봉동 길거리를 한눈에 살펴볼 수 있었는데 지금은 하천을 복개해서 예전의 모습을 찾을 수 없었다.

그리고, 할머니 집 인근의 우물도 자취를 감추고 없었으며 우물가 옆에 자리한 혜정이네 주택은 그 자리를 지키고 있었다.

혜정이 아버지는 엄격해서 딸이 밖으로 나가지 못하게 감시하였으며 친구들은 혜정이 얼굴을 보기 위해서 돌팍 위로 올라가서 집안의 내부를 염탐하였으나 그녀는 방문을 걸어 잠그고 바깥 동정을 살피는 것인지 이쁜 얼굴을 볼 수 없었다.

우물가 맞은편에 살았던 수일이는 다른 지역으로 이사를 갔으며 장○ 친구의 고모뻘인 명자도 초등학교 시절에 서울로 전학 간 이야기를 나누면서 감회에 젖었다.

이왕지사 여기까지 온 김에 장○의 집에 들러서 옛날처럼 마루에 앉아서 허심탄회하게 대화를 나누었다.

장○ 친구의 집은 100년도 넘은 고택이지만 무심한 세월 속에서도 예전의 정취는 변함이 없었다.

단지 정원에 심어진 석류나무가 예전에 보지 못한 것 같아서 친구에게 물었더니 31년 전에 식재(植栽)하였다고 설명하였으며 유난히도 가지와 잎은 무성하고 붉은 빛이 돌았다.

초등학교 시절에 장○의 집에 들렀을 때 그의 어머니가 나의 머리를 다정히 쓰다듬어 주시면서 말씀하신 적이 있었다.

"너희 엄마가 처녀일 때 간호사로 병원에서 일하였다. 인물도 참 곱고 심성이 착하고 여린 새댁인데…"라고 뜸을 들이더니 말끝을 이어 갔다.

"너희 엄마가 이혼하고 떠날 때 어린 자식을 두고 가는 슬픔으로 길바닥에 주저앉아서 울었다. 너도 외롭고 힘들지만 너희 엄마도 가슴이 찢어질 듯이 아플 거다"라고 한숨을 쉬면서 말하였던 친구 어머니의 육성이 지금도 귓전에서 생생하게 들려오는 듯하였다.

할머니 집 가는 길목의 마당이 넓은 주택에서 살았던 남학생의 안부를 장○에게 물었을 때 그가 두 살 많은 선배라고 일러 주었다.

그때는 한 동네에서 생활하는 선배에게 친구처럼 반말하고 지낸 일이 많았다.

그리고 두 살 많은 선배의 좌측에 자리 잡은 큰 기와집에는 여러 가구가 함께 모여서 생활하였는데 지금은 대문이 잠겨 있어서 내부를 볼 수 없었다.

장○, 오○ 친구의 도움을 받아 옥봉동의 여러 곳을 돌아보면서 왕년에 냉면집으로 유명한 "은하 냉면"과 가락국수 전문점인 "화랑 집"의 가게를 방문하였으나 폐업한 지 오래이며 가정 주택의 모습으로 변모하였다.

우리는 중앙시장 쪽으로 발걸음을 재촉해서 절친 엄○의 부모님이 경영한 일식 양식 전문점을 찾아갔지만 예전과는 달리 어두컴컴한 골목으로 변하였으며 지금은 한식으로 명맥을 유지하고 있었다.

중앙시장에서 비빔밥 전문 식당으로 유명한 제일 식당도 답사(踏査)하였으며 조금 위로 올라가는 곳은 대안동인데 가친이 경영하였던 동아 피혁상 자리에서 지난날을 돌아보고 감회에 젖었다.

그날의 모습은 사라지고 3층 건물이 신축되었으며 바로 옆에는 그릇 도매상이었지만 지금은 의류점으로 변모하였다.

그리고 인근에서 주류도매상을 경영하였던 친구 집도 옛 모습을 찾을 수 없었으며 수예점 딸이 이쁘다고 소문이 나서 어느 친구가 길목을 지키고 있었다는 이야기도 아리송한 메아리가 되었다.

짧은 시간이지만 지난날의 추억을 회고하면서 걸어 다녔지만 아직은 찾아가야 할 곳이 너무 많다는 것을 알게 되었다.

이번에는 수박 겉핥기 식으로 답사하였지만 다음에는 좀 더 시간적인 여유를 갖고 고향을 방문하기로 다짐하였다.

나는 동기회 사무실로 원대 복귀해서 친구들과 작별 인사를 나누고 장대동 시외버스 터미널로 발걸음을 재촉하였으며 부산행 직행버스를 타고 의자에 등을 기댄 채 버킷리스트의 사명을 완수하였다는 자부심을 느끼면서 스르르 잠이 들고 말았다.

애처가

 2018년 8월 4일부터 4박 5일간 몽골 의료 봉사를 실시하였을 때 의료봉사단원으로 아내가 동행하였지만 둘이서 달콤하고 행복한 시간을 보내지 못하고 언쟁하였던 일이 떠오른다.
 첫 번째는 울란바토르 기내에서 앞좌석에 앉은 제약회사 대표와 대화를 나누다 아내의 지적을 받고서야 복귀한 것이 불화의 원인이다.

 두 번째는 울란바토르 중심가에 위치한 호텔에 여장을 풀고 구내를 돌아보던 중 고객 전용 헬스장을 발견하였으며 평소에 헬스를 생활화하였기 때문에 참새가 방앗간을 그냥 지나갈 수 없어 객실에 홀로 아내를 남겨둔 것을 잊은 채 장시간 운동한 잘못을 저질렀다.
 몽골에 도착한 첫날부터 아내를 보살피고 챙겨야 함에도 불구하고 무관심하였으니 아내의 기분이 상한 것이다.

 세 번째는 의료봉사를 마치고 귀국하기 전날 말 사육장을 방문해서 승마를 하였는데 넓은 초원을 한 바퀴 돌고 나서 아내가 말에서 내리는 것을 보조하지 않아서 땅바닥에 넘어지고 부상을 당하는 일이 발생하였다.
 그 순간 나의 잘못을 깨달았지만 이미 때는 늦었다.
 아내가 생각할 때는 남편이 곁에 있으면서도 의도적으로 방관한 것이라고 단정하였다.

위에 열거한 몽골 의료 봉사의 일정을 마치고 귀국한 후에도 아내는 그때의 기억을 새롭게 떠올리면서 몽골의 '몽' 자만 나와도 씹고 또 씹었다.
그래서 아내에게 이렇게 제안하였다
"우리는 과거에 얽매이지 않고 미래를 향해서 나가야 한다"라고 설득하였더니 아내는 과거의 잘못을 용서할 테니 어떻게 보상할 것인지를 물어보았다.

나는 가정의 평화를 추구하는 의미에서 어떻게 보상하면 되느냐고 물어보았다.
아내는 조금 망설이면서 "당신이 돈으로 보상할 수 있는 능력은 한계가 있으니 일 년 365일 하루도 쉬지 않고 스포츠마사지를 서비스하면 몽골에서 받은 충격과 스트레스를 치료할 수 있는 기회가 되겠지요"라고 답변하였다.
아내가 스포츠마사지 서비스를 제안한 것은 90년도에 한국사회체육진흥회(KASFA)에서 실시한 스포츠마사지 부산지부를 설립하였을 때 본인이 피교육자로 등록해서 3개월 동안 교육을 받았으며 숙달의 목적으로 매일 아내에게 실습하는 과정에서 중독되었을지도 모른다.

또한 아내에게 스포츠마사지 서비스를 하였다고 카톡에 올려서 자랑하였는데 일부는 공감하였지만 다수는 자신들이 그런 봉사를 해 본 적이 없으며 만약 아내들이 그런 사실을 알게 되면 힘들어진다"라고 불평하여서 즉시 삭제하고 스포츠마사지 서비스를 중단한 적이 있었다.

하지만 가정의 평화를 위해서는 스포츠마사지 서비스를 재개하기로 결심하였으며 일 년 365일 비가 오나 눈이 오나 바람이 불어도 스포츠마사지 임무를 수행하고 애처가의 길을 걷게 되었다.

류준열 편

- 연차향(煙茶香)
- 한반도이국론(二國論)
- 한강 노벨문학상

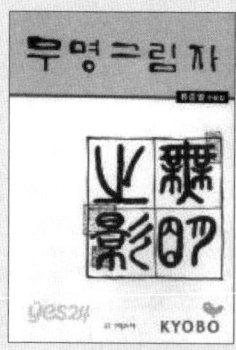

류준열

산청 출생
수필가, 천상병문학제추진위원장, 이형기기념사업회 부회장
작품집: 무명그림자(2003, 2007, 2012)

연차향(煙茶香)

  10여 년 전부터 담배 대신 연차란 말을 내 스스로 칭하고, 남과 대화를 나눌 때도 담배보다 연차란 말을 사용한다. 연차는 마시는 차(茶)를 연상시켜 부정적 느낌을 주지 않아 좋다.
  품어져 나오는 연기와 향내에 젖어 보낸 반백여 년의 세월, 연차의 향기에 연연해하며 아직도 뿌리치지 못하고 일상생활에 필수품이 되어 버렸다. 외출 시 연차를 깜빡 잊은 경우, 몇 시간을 참지 못하고 구입하거나 남에게 얻어 피운다.

  주위의 금연 권유나 질책에 수긍하며, 빠끔빠끔 피워 속으로 들어가지 않는다고 핑계를 대며 넘어간다. 의도적으로 연기를 삼키지 않지만 호흡 시 안으로 들어갈 수밖에 없다.
  애연가들이 빠끔거리는 모습을 보고 돈이 아깝다는 말과 함께 연차의 진미를 모를 거라 비꼰다. 누군가가 빠끔거리며 피우는 연차가 더 끊기 어렵다는 말을 들었다. 어떻든 지금까지 연차를 하고 있다.

  갈수록 금연 구역이 늘어나 흡연자에게는 불편하기 짝이 없다. 연차 한 갑 4,500원에 70프로 세금이 들어 있는데, 국세와 지방세 세수에 기여하는 납세자 대접이 형편없다고 불평을 해 보지만 들어 줄 사람은 없다.

2023년 초 미국대사관에 비자 발급을 받기 위해 서울에 갔었는데, 면접장 건물 내 어디에도 흡연실이 없고, 면접을 마치고 나와 흡연 구역이 어딘지 알 수 없어, 행인에게 물어봐도 답을 듣지 못해 몇 시간을 연차를 할 수 없었다. 왠지 모르게 서울이 각박하고 갑갑하다고 느꼈다.

외국 여행 시 탑승대기 할 때 흡연실이 없으면 아쉽고 마음이 불편하다. 흡연을 하기 위해 여기저기 돌아다니며 흡연실을 찾아보나 발견하지 못했을 때, 연차 향과 연기가 눈에 어른거리며 기분이 가라앉는다.

작년 남미 6개국 여행을 할 때 각 나라 공항마다 약속이나 한 듯 흡연실이나 흡연 구역이 없었다. 수도권 큰 공항이든 지방의 작은 공항이든 흡연실이 없어 연차를 할 수 없었다. 어쩔 수 없다고 여기며 시간을 보냈지만, 아쉬움과 허전함을 달래며 지루한 시간을 보내야 했다. 일행들은 흡연을 하지 않아도 공항 대기시간을 잘도 보내는데, 나만 흡연실을 찾아다니고 있으니 청승스럽고 한심하다고 자책하였다.

남미 여러 나라는 공항 흡연실이 없었을 뿐 아니라 거리에서 연차를 하는 사람을 보기 어려웠다. 동서양 관광객은 물론 현지인이 연차하는 모습을 보기 어려웠다. 남미 여러 나라는 흡연을 하지 않는 나라인 줄 알았다.

나중에 현지 가이드에게 남미 사람들은 연차를 하지 않는지 물으니 연차를 한다고 하다. 연차 값 때문에 연차 대용으로 카카오 잎을 씹는 경우가 많다고 했다. 언젠가 기사에게 카카오 잎을 얻어 씹어 보니 맛을 알 수 없었다.

연차를 하는 데 따라다니는 물품이 성냥이나 라이터다. 오늘날 성냥으로 연차를 하는 경우는 거의 없고, 대부분 라이터로 불을 붙여 연차를 한다. 과거 한때 비싼 라이터를 자랑하듯 갖고 다녔지만, 지금은 값이 싼 라이터를 사용한다.

　공항 입출국과 종교 건물 방문 시 헤아릴 수 없을 정도로 라이터 압수를 당했다. 압수를 당하고 나면 언짢아지고 연차를 할 수 없어 난감해진다. 수하물로 붙이는 여행용 가방이든 기내에 갖고 들어가는 가방이든 라이터를 감시 기계가 귀신처럼 잡아낸다. 수하물로 붙이는 가방에 라이터를 넣었을 경우 호출을 당해 아예 라이터를 넣을 생각을 말아야 한다. 출국 시 소지품 검사장에서 압수를 막상 당하고 나면 기분이 좋을 리 없고, 라이터 구입을 어떻게 해야 할지 난감해진다.

　2010년대 초반까지만 해도 대부분 나라의 호텔에 휴대용 성냥을 비치해 놓아, 라이터를 압수당하거나 분실해도 연차를 하는 데 어려움이 없었다. 여행지에 들리는 호텔 방 성냥을 모아서 갖고 다니면, 라이터 압수를 당하더라도 며칠간 라이터 없이 연차를 할 수 있었다. 어느 해부터인지 가는 나라마다 호텔에 성냥이 사라져 라이터가 없으면 연차는 곤란해진다.

　라이터 압수를 대비하여 우리나라 성냥을 구입하고자 했으나 여러 가게를 둘러봐도 휴대용 성냥은 구입할 수 없었다.

　국내 관광지나 대도시에 갈 때나 외국 여행 시 신경을 써야 하는 게 금연 구역인지 아닌지 확인해야 한다. 금연 구역에서 연차를 하여 낭패를 당하거나 창피를 당한다. 오래전 중국 천자산 관리소 부근 연차 꽁초가 보여 피워도 되겠지 하고 연차를 하였는데, 금지 구역에서 피웠다고 벌금을 물었다. 한대 피운 결과로 한 보루에 해당하는 벌금을 냈다. 그 이후 반드시 흡연구역인지 확인하고 연차를 한다.

　중동 여러 나라와 중앙아시아, 중국과 남미 경우 금연 구역이 많지 않아 비교적 자유롭다. 식당에서 연차를 하는 나라도 있다. 연차가 자유로워도 관광지와 유적지, 종교시설에서는 흡연 구역을 확인하고 연차를 해야 했다.

연차 연기를 깊이 삼켜 보지 않아 깊은 맛은 모르지만, 연차향이야말로 내 연차의 처음이고 끝이라 할 수 있다. 시각, 청각, 미각, 후각, 촉각 중에서 냄새가 인간의 뇌리에 가장 깊이 각인되어 있는 감각이라고 한다. 연차 향기의 마력에 홀려 쉽게 끊지 못하는 거라 스스로 추측하곤 한다.

연차 향기는 내게는 좋지만 남들은 싫어한다. 일상에서나 여행지에서 만나는 사람들이 연차 냄새가 난다고 면전에서 구박을 받은 경험을 여러 번 했다. 여행 시 버스 뒷좌석이 내 단골자리다.

연차 장소는 흡연 구역이거나 사람이 없는 외진 곳일 수밖에 없다. 연차 때문에 외국 관광지에서 일행을 놓치는 경우가 많았다. 내가 찾아 가기도 하고 찾으러 오기도 했다. 일행과 합류하고 나면 집사람으로부터 연차를 끊으라고 질책을 들어야 했다. 유구무언으로 대할 수밖에 없었다.

대부분 지인들이 금연하여 연차를 하는 지인은 극소수다. 연차를 하는 지인을 만나면 나이가 얼마인데 아직도 피우고 있느냐고 농담하며 같이 피운다. 연차를 같이 하면 친근하게 느껴진다.

몇 년 전부터 외국 여행 중 연차를 하는 일행은 많아야 두세 사람에 불과했다. 어떤 여행에서는 나 혼자 연차를 하여 흡연 구역 찾는 데 어려움을 느끼고, 연차를 할 때 조심스러울 수밖에 없었다. 남들은 금연을 잘 하는데 나만 금연을 못 한다고 자책하기도 했다.

국내든 국외든 연차 챙기기, 금연 구역 확인, 라이터 압수와 분실, 공항 흡연실 찾아다니기, 차 뒷좌석 앉기 등 갖가지 번거로움과 곤란을 겪으면서도 끊지 못하고 내 몸에서 연차향이 떨어지지 않는다.

손끝과 입술에 와 닿는 보드라운 감촉, 빨아 당겨 뿜어 내는 연기, 향긋하게 코에 스치는 특유의 향기 어떻게 작별할 수 있겠는가.

고민스러운 일에 봉착하거나 감정이 상했을 때, 연차는 차분하게 해 주는 데 도움을 주었다. 지금까지 큰 과오 없이 지금까지 살아온 것도 일정 부분 연차의 역할이 있었다고 여기고 있다.

앞으로 건강이 허락하는 한, 금연에 대한 심리적 압박감에서 벗어나 빠끔거리며 연차향에 젖고 싶다.

붉게 물든 노을을 바라보거나, 밤하늘을 바라보며 내뿜는 연차야말로 운치 있지 않은가.

연차는 삶과 닮았다. 붉게 타는 불, 공중에 사라지는 연기, 먼지로 화해 떨어지는 재, 연차에서 인생의 허무와 무상을 본다.

인생 황혼녘 연차향에 젖으며, 언젠가 연차와 작별할 날 있지 않겠는가.

* 남미 6개국(페루, 볼리비아, 칠레, 아르헨티나, 파라과이, 브라질) 2023. 02. 18. ~ 03. 18.

한반도이국론(二國論)

　우리의 소원은 통일이란 노래를 부르고 들어왔지만, 회의적으로 여기며 통일은 가능하지 않다고 비관적으로 본 젊은 시절
　친구들과 논쟁을 벌이며 반통일주의자가 되었지만, 노년에 접어들어도 통일은 거의 불가능하다고 여기고 있는 한반도통일 비관주의자.

　1991년 대한민국과 조선민주주의인민공화국의 유엔 동시 가입이 성사되어 남북통일은 물 건너간 거라 여겼다.
　보수정권에서 즐겨 활용하는 북한붕괴론이나 흡수통일론은 국내용 정치적 선언에 불과하고 실현 가능성이 희박한 통일론.
　구체적으로 실천 가능해야 하는데 막연한 기대에 기댄 비합리적 통일정책.
　김일성 사망에 이어 김정일 사망 후 남한의 바람대로 북한에서 정변이나 붕괴는 일어나지 않았고, 오히려 핵 개발과 미사일 개발로 남한에 더 위협적인 존재가 되어 버린 북한의 실체.

　전임 정권의 임종석 대통령비서실장이 한반도이국론을 주장하였으나, 여야 정치권 공히 냉담한 반응을 보여 통일담론으로 이어 가지 못하는 현실.
　현재의 남북 긴장과 전쟁 위기 상황 타개책으로 남북평화의 한 방식으

로 내세운 주장인데, 북한 지령을 받은 거라며 색깔론을 펴기도 하고, 반헌법적 발상이니 통일 포기니 다양한 비판을 받는 한반도이국론.

지금과 같이 남북이 극한의 긴장 관계에 있고, 전쟁 가능성이 높은 시기에 나온 주장이기에 최선은 아니지만, 차선책으로 고려해 보고 논의해 볼 수 있는데 매도하고 폄훼하는 정치권.

북한은 유엔에 가입되어 있는 국가이니만큼 남한을 비롯한 미국은 북한을 국가로 인정하고, 정전협정을 종전협정으로 전환시키고 남한과 미국, 북한에 쌍방 대사관을 설치하면 한반도 전쟁 위기는 감소하지 않겠는가.

한반도이국론으로 가는 과정에서 영토 문제와 남북한 헌법 등 여러 장애물이 놓여 있는 어려운 길일지 모르나, 남북 모두 인명살상과 파괴가 뒤따르는 전쟁보다 낫지 않겠는가.

인도에서 분리되어 나라를 세운 파키스탄과 방글라데시 경우 종교적 이유로 갈라섰는데, 우리 경우 정치 이념과 체계가 달라 분리된 나라로 상호 인정하면 되는 것 아닌가.

통일의 지난한 과정 중 한 방책으로 한반도이국론이야말로 극한 갈등과 대립의 남북 현실에 비추어, 현실적이고 미래지향적으로 여겨지는 차선의 방책.

한반도 통일은 조급해 하지 말고, 훗날 남북한 공히 공감대가 형성되면 전쟁 없이 자연스럽게 통일되지 않겠는가.

* 임종석 전 대통령 비서실장이 이날 광주 김대중컨벤션센터에서 '2024 한반도평화 공동사업 추진위원회'가 개최한 9·19 공동선언 6주년 기념식 기조연설을 통해 "통일을 꼭 해야 한다는 강박관념을 내려놓자"고 주장함.

한강 노벨문학상

해마다 노벨상 시상 행사가 열리는 스톡홀름 시청사 푸른 방 널따란 대리석 바닥 밟으며, 노벨상 수상자 걷던 자리에 서 있다는 감동과 함께, 한국인 어느 누구도 수상자로서 서 보지 못했다는 사실에 아쉬움과 허전함을 달랬던 2011년 스웨덴 여행.

13년이 흐른 지금 12월 시청사 푸른 방 노벨문학상 시상 행사에 참여하게 된 한강 작가.

해마다 10월이 되면 노벨상 수상자가 뉴스로 나왔지만, 우리에게는 그림의 떡에 불과한 그들만의 잔치.

각 분야별 노벨상 수상은 우리로서는 기대하지 않았고 부러움과 안타까움에 젖는 구경꾼.

뜻밖의 노벨문학상 수상 소식에 놀라움과 반가움의 탄성을 지르고, 희열과 감동에 젖으며 보낸 하루.

우리나라 문인이 노벨문학상을 수상할 수 없겠다는 부정적 생각에 젖었던 게 사실.

고은 시인이 노벨문학상을 받을 거라는 희망 고문이 매년 이어지다가 불미스러운 일로 나락으로 떨어져 완전히 접었고, 황석영 작가나 조정래 작가에게 기대를 내심 걸어 보았으나, 예선 통과마저 안 되어 노벨문학상은 어렵다고 여기고 있을 때 들려온 한강 작가의 노벨문학상 수상자로 선정되었다는 놀랍고 반가운 소식.

 몇 년 전 세계적 권위의 문학상을 받았다고 하나 노벨문학상까지 받을 줄 누가 알았겠는가.

 한강 작가의 노벨문학상 수상자 선정 소식은 청량하게 부는 바람과 같이 시원함과 기쁨 선사한 희소식.

 보통 사람과 달리 날카롭고 냉철한 작가의 모습을 상상하였는데, 신문에 실린 사진과 방송에서 비춰지는 수수하고 평범한 모습을 보고 놀라움을 금치 못한 하루.

 2014년 〈소년이 온다〉는 광주민주화운동을, 〈작별하지 않는다〉는 제주 4.3 항쟁을, 소재로 삼아 한때 문화계 블랙리스트에 오르고 빨갱이 작가라는 오명을 받았지만, 탄압과 불이익을 넘어 10여 년 만에 화려하게 부활한 한강의 소설.

 일부에서 사실에 바탕을 둔 역사와 허구에 바탕을 둔 소설을 구분하지 못하고, 광주민주화운동과 제주 4.3 항쟁을 트집 잡아 한강 작품을 폄훼하고 있으나, 한강의 문학성에 의한 노벨문학상 수상의 빛나는 업적에 흠결이 될 수 있겠는가.

 시와 소설, 음악에 이르기까지 다재다능한 한강 작가는 우리 문학사를 빛낸 자랑스러운 작가.

 작가에게 박수를 보내며 여러 분야에서 수많은 한국인 수상자가 나왔으면 하는 기대 일어나는 한강 노벨상 수상 소식.

 어떤 내용으로 연설할지 궁금해지는 한편, 세계인의 시선을 받으며 연설하는 한강 모습 미리 그려 보는 나날.

노벨의 기일(忌日)인 현지 시간 12월 10일 건축가의 철학과 열정 스민 시청사 푸른 방 노벨상 시상 행사에 참석하여 국왕을 비롯한 귀빈들과 담소를 나누는 한강 작가 모습 상상만 해도 즐거워지는 요즘.

* 스톡홀름 시청사(Stadshuset): 쿵스홀멘(Kungsholmen)섬 남쪽에 위치해 있으며, 1923년 라그나르 오스트베리의 설계로 800만 개의 벽돌과 1,900만 개의 금도금 모자이크로 만들어짐.
* 북유럽 6개국 러시아, 핀란드, 노르웨이, 스웨덴, 덴마크, 에스토니아 기행(2011. 07. 30. ~ 08. 10.)
* 2024. 10. 11. 한강 작가의 노벨문학상 수상 선정 소식을 접하고.

최정혜 편

- 신중년, 새로운 삶의 시작
- 캐나다 기행문

신중년, 새로운 삶의 시작

인생이란 무엇일까요?

철학자가 아니더라도 제 나이쯤 되면 자연스레 던지게 되는 질문입니다. 저는 지금 인생의 어느 지점에 서 있을까요? 앞으로의 제 삶은 어떻게 펼쳐질 것이며, 그 끝은 어떤 모습일까요?

69세를 바라보며, 저는 제 삶의 의미와 여정을 시험 답안지처럼 정리해 보고 싶다는 생각이 들었습니다. 아마 퇴직 후 제2의 인생을 살아가는 분들 모두가 한 번쯤 이런 깊은 생각에 잠길 것이라 짐작합니다.

전통적인 기준으로 69세는 노인에 해당하지만, 이는 200여 년 전 비스마르크 시대에 만들어진 기준입니다. 오늘날 평균 수명이 늘고 건강한 신체를 유지하는 이들이 많아진 만큼, 이 기준은 더 이상 유효하지 않습니다. 누군가는 60대에도 쇠약함을 느끼지만, 어떤 이는 90세에도 골프와 등산을 즐기며 활기찬 삶을 살아갑니다. 이런 시선으로 볼 때, 저는 스스로 신중년이라 자부합니다. 대학에서 40여 년간 머물다 정년퇴직 후, 저는 진정한 의미의 신중년의 삶을 살아가고 있습니다.

젊은 시절에는 '영수국(영어, 수학, 국어)'에 매진했다면, 나이가 들어서는 '예체능(음악, 미술, 체육)'에 몰두하게 된다는 말이 있습니다. 제 삶이 꼭 그렇습니다. 퇴직한 지 4년, 저는 수채화와 유화를 그리며 예술적 감성을 꽃피우고, 성당 성가대에서 노래를 부르며 영혼을 정화하고, 매일 수영과 근력 운동으로 몸을 단련하고 있습니다.

이 모든 활동의 중심에는 신앙생활과 성경공부가 있습니다. 바쁜 재직 중에는 엄두도 내지 못했던 성지순례를 재작년에 남편과 함께 다녀왔습니다. 터키와 그리스 전역을 돌며 사도 바오로의 발자취를 따르고, 선조 신앙인들의 흔적을 찾아 미사를 드린 그 시간들은 제 영혼을 깊이 울렸습니다.

지금은 건강을 되찾아 성지순례, 해외 한 달 살기, 골프 여행 등을 다니며 행복한 나날을 보내고 있지만, 사실 퇴직하던 그해 저는 죽음의 문턱에서 기적처럼 살아 돌아왔습니다. 정년 퇴직을 앞두고 받은 정기 검진에서 갑작스러운 입원 통보를 받았습니다. 평소 운동으로 다져진 건강한 몸에 아무 증상도 없었는데, 림프암 5기 중 4기라는 진단과 함께 5년 생존율 35%라는 충격적인 소식이었습니다. 말 그대로 5년 안에 죽을 수도 있다는 선고였습니다.

제 몸을 진단한 다섯 명의 의사들의 종합 진단 결과를 들으며 놀란 남편 뒤로, 저는 의외로 침착하게 생각에 잠겼습니다. '그래, 이제 주님 곁으로 가는구나. 주변을 정리해야겠네. 내 삶이 이렇게 끝나는구나!' 림프암 판정을 들은 다음 날, 저는 곧바로 암 병동으로 옮겨 1차 항암 치료를 시작했습니다. 3주 간격으로 6차례의 화학 치료를 통해 그 결과를 지켜보기로 했습니다.

저는 아이 둘 출산 시, 제왕절개로 입원했던 것 외에는 처음 겪는 병원

생활이었습니다. 첫 치료를 시작하며 제 주치의는 제게 급성 림프암이라 위험하여 다른 환자들과 달리 일주일간 입원하며 경과를 지켜봐야 한다고 했습니다. 그동안 병명 확정을 위한 2주간의 검사로 제 몸은 균형을 잃고 온몸이 퉁퉁 부어올랐습니다. 제 몸이 아닌 듯한 그 몸을 남편이 씻겨 주었습니다. 그 시간은 남편의 존재가 새삼 고맙게 느껴지는 순간들이었습니다.

첫 치료 첫날 저녁, 저는 몸의 고통에 남편 팔에 안겨 소리 내어 울었습니다. 남편도 어찌할 수 없는 고통의 시간이었죠. 하지만 시간이 흐르면서 몸은 점차 안정을 찾아갔습니다. 둘째 날부터 남편이 가져온 성경과 미사책, 성가집을 들고 기도하고 성가를 부르며 고통 속에서도 행복하게 사는 법을 배웠습니다. 인간의 적응력이 얼마나 대단한지, 고통 속에서도 행복을 배우다니요! 아픈 와중에도 주님과 함께 행복한 시간을 가지며 하루하루를 버텨 냈습니다.

입원 생활 중 가장 힘들었던 것은 매일 30분마다 소변을 받아 양을 체크해야 해서 잠을 제대로 잘 수 없었던 것입니다. 누적되는 수면 부족의 고통은 정말 처음 겪는 놀라운 고통이었습니다. 제발 잠 좀 잘 수 있다면!

림프암 치료는 첫째, 둘째 주까지는 몸을 제대로 가눌 수 없는 흐느적거리는 상태였고, 셋째 주가 되면 비로소 인간다운 삶의 모습을 되찾을 수 있었습니다. 이런 과정을 6차례 거친 후, 저는 완치 판정을 받았습니다! 주님께 깊이 감사드립니다.

그리고 남편의 헌신적인 돌봄 또한 잊을 수 없습니다. 매일 식사를 챙기고, 아침, 점심, 저녁, 밤 나누어 하루 2만 5천 보를 함께 걸으며 제 건강 회복에 온 마음을 다했습니다. 남편에게도 진심으로 감사드립니다.

암 완치 판정 후 4년이 흘렀습니다. 이제 내년이면 5년이 되어 한 번씩

가는 병원과 작별을 고해도 되는 시간이 옵니다. 어찌 감사하지 않을 수 있을까요, 이 모든 아름다움에! 그래서 오늘도 저는 열심히 신앙생활을 하고, 운동하며, 그림을 그리고, 가끔은 피아노도 치고 발레도 하며 행복하게 살고 있습니다.

또한 오후에는 남편 연구실 한쪽에서 컴퓨터를 두드리며 성경공부도 하고 글도 쓰고 중국어 공부도 합니다. 눈부시게 내리쬐는 태양에 감사하며 대학 캠퍼스 교정을 걸으며 건강을 관리하고, 제 인생의 의미를 찾아갑니다. 이 모든 삶에 주어진 기쁨에 감사드리며 나의 신중년을 가꾸어 가고 있습니다.

캐나다 기행문

작년 여름, 저는 남편과 함께 캐나다 앨버타주의 캘거리에서 한 달 살기라는 특별한 도전을 감행했습니다. 퇴직 후 찾아온 코로나 팬데믹으로 미뤄 왔던 여행의 갈증을 해소하고, 인생 2막을 기념하는 의미 깊은 여정이었죠.

특히 캘거리 대학 출신 교수의 극찬과 인터넷을 통해 접한 로키산맥의 웅장한 풍경, 그리고 골프를 사랑하는 저에게 완벽한 환경이라는 점은 캐나다를 선택하게 된 결정적인 이유였습니다. 2024년 7월 1일 인천을 출발해 캘거리 국제공항에 도착했고, 7월 31일 귀국길에 올라 8월 1일 한국 땅을 밟기까지, 기대 이상의 감동과 추억을 선사한 한 달이었습니다.

I. 경이로운 자연과의 조우

1. 밴프 국립공원: 코발트빛 호수의 환상

밴프 국립공원은 그야말로 환상의 세계였습니다. 7월의 한여름에도 만년설이 장엄하게 솟아 있었고, 그 아래로 코발트 빛 루이스 호수와 청옥 빛 머레인 호수가 유유히 흐르는 모습은 숨이 멎을 듯 아름다웠습니다. 전 세게 수많은 여행객의 발길이 끊이지 않는 이유를 직접 눈으로 확인할 수 있었죠. 죽기 전에 꼭 봐야 할 곳으로 손꼽히는 밴프의 풍경은 방문한 지 1년이 지난 지금도 강렬한 인상으로 남아 있습니다.

2. 카나나스키스 골프장: 대자연 속 황홀경

 밴프 국립공원 인근의 카나나스키스 골프장은 기막히게 아름다운 경관을 자랑했습니다. 골프를 치러 간 첫날, 주변 풍경에 넋을 잃고 한동안 라운딩을 잊을 정도였죠. 골프 애호가라면 꼭 한번 방문해 보라고 강력히 추천하고 싶습니다. 더욱 놀라웠던 경험은 라운딩 중 나타난 두 마리의 사슴이었습니다. 두 홀 동안이나 저희를 따라다니며 함께 경치를 즐기는 듯한 모습은 잊을 수 없는 추억으로 남았습니다. 로키산맥의 웅장함이 그대로 살아 숨 쉬는 이곳에서의 라운딩은 황홀함 그 자체였습니다.

3. 재스퍼 국립공원: 야생동물과의 특별한 만남

 재스퍼 국립공원에서는 더욱 특별한 만남이 기다리고 있었습니다. 고속도로까지 내려와 배회하는 곰과 수십 마리의 사슴 떼를 만났기 때문입니다. 다른 차들이 멈춰 서 있기에 내려 보니, 삼각주 같은 곳에서 20마리 정도의 사슴 무리가 평화롭게 노닐고 있었죠. 조금 더 나아가자 이번에는 도로 위로 내려온 곰을 구경하기 위해 차량들이 정체되어 있었습니다. 이 공원은 야생동물들이 자유롭게 살아갈 수 있도록 보호되는 곳이기에, 이렇게 가까이에서 다양한 야생동물들을 만날 수 있다는 점이 매우 흥미로웠습니다.

Ⅱ. 따뜻한 우정과 잊지 못할 추억

1. 캐나다 친구, 게리와의 특별한 인연

캐나다 도착 이튿째, 저희는 캐나다인 게리를 만나 함께 골프를 치는 친구가 되었습니다. 72세의 게리는 은퇴 후에도 두 곳의 골프장에서 스태프로 일하는 열정적인 분이었습니다.

그와 함께 골프를 치면 비싼 그린피가 50% 이상 할인되는 놀라운 혜택을 누릴 수 있었죠. 덕분에 110달러짜리 18홀 라운딩을 40달러에 즐기는 행운을 가졌습니다. 아마도 캘거리가 속한 앨버타주가 풍부한 석유 자원으로 인해 이러한 혜택을 제공하는 것이 아닐까 생각해 보았습니다. 실제로 집에서 조금만 운전해도 드넓은 평원 곳곳에서 석유 시추 광경을 볼 수 있었습니다.

게리는 키가 크고 골프를 잘 쳤으며, 유머 감각까지 뛰어나 저희에게 큰 즐거움을 주었습니다. 더욱이 그는 기타 연주에도 능숙하여 저희를 자신이 공연하는 클럽에 초대해 특별한 시간을 선물해 주었습니다. 그 클럽에서는 80대 중반의 어르신들이 각자 그룹을 이뤄 무대에 올라 공연을 펼쳤는데, 그 모습이 너무나 감동적이었습니다.

한국에서는 80대 중반이면 스스로 노쇠했다고 여기는 경향이 있지만, 그곳의 어르신들은 청년처럼 즐겁게 악기를 연구하고 연주하는 모습에서 큰 울림을 받았습니다. 특히 85세 할머니가 3년 전에 악기를 배워 함께 연주한다는 이야기는 저희에게 "인생은 80부터"라는 깨달음을 주었고, 노년의 삶을 즐기기 위해 악기 하나쯤은 배워야겠다는 다짐을 하게 했습니다. 게리와의 만남은 정말 소중하고 아름다운 추억으로 자리 잡았습니다.

2. 캐나다 로키에서 맞이한 잊지 못할 생일 파티

캐나다에서 머무는 동안 7월 중순, 저의 생일이 다가왔습니다. 제 생일을 알게 된 게리는 저희 집에서 생일 파티를 열자고 제안했고, 직접 기타를 가져와 노래와 연주를 해 주겠다고 했습니다. 저는 감사한 마음으로 이틀 뒤 일요일 저녁에 파티를 하기로 약속했습니다.

그런데 제 생일 당일, 저희 가족과 동료 부부와 함께 골프를 치기 위해 집에서 30분 떨어진 골프장에 도착해 준비하고 있을 때, 게리가 여자친구와 함께 깜짝 등장했습니다. 저희는 게리의 서프라이즈에 깜짝 놀랐고, 선물까지 준비해 온 그들의 따뜻한 마음에 깊은 감동을 받았습니다. 그들과 함께 골프를 치고 저녁 식사를 하던 중, 게리를 비롯한 저희 식구들이 저를 위해 생일 축하 노래를 불러주었습니다. 그러자 식당에서 생일 맞은 사람에게 작은 케이크를 선물로 준다고 하여 모두가 기뻐하며 즐거운 시간을 보냈습니다.

이틀 뒤 일요일 저녁, 약속대로 저희 집에서 게리와 그의 여자친구, 그리고 그의 여자친구의 딸과 친구까지 총 8명이 모여 성대한 생일 파티가 이어졌습니다. 게리는 기타를 치며 노래를 불렀고, 저희는 함께 춤을 추고 노래하며 북적이는 시간을 보냈습니다.

제가 살아오면서 68년 만에 받아 보는 가장 감동적인 생일 파티였습니다. 그것도 머나먼 캐나다 로키산맥 자락에서 맞이한 생일이라니, 평생 잊지 못할 소중한 추억으로 간직될 것입니다.

Ⅲ. 캐나다 한 달 살기를 끝내며

캐나다 한 달 살기 도전은 저에게 예상보다 훨씬 더 많은 좋은 경험을 안겨 주었습니다. 낯선 곳에서의 한 달 살이를 망설임 없이 시도한 결과는 매우 성공적이었고, 이 여행을 통해 캐나다인들의 따뜻하고 호의적인 성격을 직접 느낄 수 있었다는 점 또한 큰 의미였습니다. 다시 한번 방문하고 싶은 캐나다이며, 혹시 해외에서 한 달 살기를 계획하고 있는 분이 있다면 주저 없이 이곳을 강력히 추천하고 싶습니다.

김재경 편

- Fitz Roy를 다녀와서
- Torres del Paine
- Punta Arenas와 Magellan의 도전정신

김재경

전 서울중앙지검, 부산지검, 검사
17 - 20대(4선) 국회의원

Fitz Roy를 다녀와서

이른 아침부터 El Calafate 터미널은 El Chalten행 버스를 타려는 사람들로 북적인다. 건장한 체구에 힘이 넘치고 표정이 밝다.

이틀 전부터 감기까지 겹쳐 三重苦 속 산행이다.

서울 진주를 오가며 하루도 빼먹지 않고 20,000보 이상을 걸었고, 제주도 올레길 강훈까지 했다. 어느 날 정강이뼈에 통증이 오더니 점점 불편해져 병원을 갔는데 젊은 의사가 이렇게 무리하며 걷는 이유가 뭐냐고 묻는다. 향후 계획을 말했더니 빙그레 웃으며 예약 다 하셨을 테고 성격상 포기하실 분 같지도 않으니 상황 봐가면서 병원에 오라고 한다. 얻은 병명이 행군증후군 염증인데 여기다 감기라니…

"의지가 힘들 때 습관이 도와주더라."

배우 차인표 씨가 TV 몸만들기 프로에서 강도 높은 훈련 과정을 반복하면서 한 말이다. 경험상 이제는 본능에 의지할 수밖에 없다. 그동안 닦아온 기본이 어디 가겠나.

원래 일정은 산 중간에 야영으로 1박을 하면서 왕복하는 것인데, 남반구 끝자락까지 내려와 낮이 긴 탓에 당일 왕복이 가능하겠다 싶어 충분한 하루 휴식을 택했다. 성수기에 갑자기 1박 호텔을 잡으려니 방을 구하기가 어려워 부에노스아이레스 후배의 도움으로 럭셔리한 호텔을 구해 창가에 라벤더가 무더기로 피어 그 향이 만발한 방에서 휴식을 취했다.

다음 날 새벽 4시에 일어나 40,000보를 넘기는 강행군 끝에 밤 11시에 하산했으나 어둡지 않았다. 하산 길에는 비바람까지 가세해 Real Patagonia를 경험했다.

꽤 큰 등산용 손수건은 땀과 눈물 콧물로 흠뻑 젖어 버렸다. 다른 트래커도 만만찮은 상황에 긴장하는 표정들이었다. 정상에서 두 시간 정도를 기다려 온전한 Fitz Roy를 빙하호와 함께 볼 수 있었다.

Patagonia!

거친 바람과 파도, 빙하, 설산과 황량한 벌판, 야생의 숲과 동물들.

미지의 땅을 상상하면 가슴이 뛰던 젊은 날의 힘과 희망을 찾아서 이곳에 왔다. 지혜와 여유를 찾아 안데스의 멀고 원시의 거친 길을 걷고 있다.

Torres del Paine
– 힘든 자여, Keep Going!!

왕복 24km 산행은 적잖은 부담이었다. 불편한 다리에 정강이뼈 염증으로 통증은 차치하고라도 종아리는 부을 대로 부어 있었다. 고난이도 4km 왕복이 포함된 남아 있는 16km를 놓고 무리할 필요가 있을까라는 갈등과 텐트 안의 한기로 밤을 뒤척였다.

새벽 5시 출발!
이런저런 모습의 다양한 오솔길을 지나, 마지막 난관인 경사도 높은 돌길에 이르렀다. 기력이 떨어질 즈음이라 힘들다. 하산하던 트래커들이 내 속을 훤히 읽고 응원을 보낸다.
"Keep Going!"
"Almost!"
"Almost Finish!"
"One hundred meters!"
때로는 합리적 이성적 충고나 지적보다, 무조건적 응원이 더 힘이 되는 경우가 많음을 우리는 알고 있다.

우여곡절 끝에 동서를 막론하고 신령스럽다고 알려진 Torres de Paine 세 봉우리를 알현한다. 우리 설화 속의 삼신할머니처럼 인간들의 소망을

다 알아서 이루게 해 주는 신령함이 지구 반대편에도 있다고 합니다.

긴 하산 길을 마치고 Amarga 버스 터미널 벤치에 누워서 고래, 비행기, UFO 모양의 구름 찾기를 하며 평상의 모습으로 돌아오다.

Punta Arenas와 Magellan의 도전정신

 듣던 대로 마젤란 해협은 내 의식 중추를 그 바람과 파도만큼 거세게 휘젓고 지나간다.
 이 해협에서 Magellan의 5척 선단 중 한 척은 난파되고, 한 척은 본국으로 도주한다. 1520년 조선에서 사화정쟁이 한창이던 시기에 불굴의 이 사나이는 목숨을 걸고 미지의 거친 해협을 돌파한다.

 우수아이아를 출발한 버스는 이 해협을 만날 때까지 황량한 초원, 가끔씩 양과 소를 보여 주었다. 칠레 국경에 이르자 입국사무소 앞 철제 가로등이 바람에 흔들리고, 해협 선착장에 꺼낸 손수건은 바람에 직선으로 날린다. 컨테이너 트럭과 버스까지 실은 큰 배도 파도에 휘청거린다.

 새벽에 커튼부터 열었다. 오늘은 마젤란 해협으로 배를 타고 나가는데, 어제 만났던 바람과 파도가 걱정되지 않을 수 없었다. 청명한 날씨임에도 몸이 휘청거릴 정도의 세찬 바람, 해협 곳곳에 버려진 난파선을 만들어 놓은 거친 파도.
 마젤란 선단 중 유일하게 귀환했던 Victoria호를 따라 만든 배 위에서 500년 전 항해 시 사용한 나침반을 보았다. 그 소박한 크기와 열악한 여건 속에서 과감하게 도전했던 그들에게 저절로 고개가 숙여졌다.

숙소 앞 나무를 뒤흔들고 가는 바람 소리에 뒤척거리며 이 난관을 마주했던 마젤란의 심경을 반추해 봤다.

그들에게 겨우 돛을 단 목선에 의지해서 사선을 넘을 수밖에 없었던 절실함은 과연 무엇이었을까. 금은 향신료 명예… 이것을 넘어선 도전과 성취가 더욱 소중했을지도 모른다. 부귀영화를 넘어 목숨과 바꿀 수 있는 그들의 가치가 궁금했다.

서쪽으로 가더라도 인도를 만난다는 신념 하나로 거친 바다와 배신이 난무하는 선단을 이끌던 한 사나이의 모습에 가슴이 뜨겁다.

비록 오늘은 아닐지라도 세상은 변화하고 기회는 주어질 텐데, 준비하지 않고 도전하지 않는다면 얼마나 무기력하고 어리석은가.

비록 동상이지만 먼 곳을 응시하는 마젤란이 우리에게 던지는 메시지를 이해할 것 같다.

불굴의 도전정신!

Magellan 그가 존경스럽다.

김형점 편

- 봄나물
- 비로소 봄
- 時雨

김형점

경상국립대 중어중문학과 졸업(85학번)
차문화학 박사
경상국립대 대학원 한국차문화학과 강사
죽향차문화원 원장

봄나물

　봄의 소식통은 하늘과 땅, 사방에서 들려온다. 바람에서 햇살에서 밟히는 흙에서 나뭇가지에서 곳곳에서 꼬물꼬물 소식이 와닿는다. 그 가운데 새벽시장에서 듣는 봄소식은 혀끝에서 시작되니 강도가 색다르다.

　기후가 바뀌면서 올해는 2월 초 입춘이 들자 급보처럼 일순 봄이 와 닿았다. 달달한 봄비들이 연일 내리자 땅을 뚫고 나온 새 생명들, 입맛 돋우는 새순의 봄나물들로 새벽시장이 들썩거렸다. 그러기를 잠시 꽃을 시샘하는 추위에 땅이 닫히고 열리기를 반복하더니, 이제는 다시 돌아갈 수 없는 완연한 봄을 맞았다. 봄나물들로 연일 새벽시장이 북적북적하다.

　백 년의 역사를 이어온 중앙시장은 근래 초대형 마트가 곳곳 들어서면서 이른 새벽에 겨우 농산물 유통시장으로 명성을 이어 가고 있지만, 봄이 되면 새벽시장은 지리산 주변의 산과 들에서 채취한 자연의 산물들로 사람들은 새로운 활기를 느끼며 찾아든다.

　온갖 봄나물들이 할머니들의 주름지고 억센 손에서 곱게 다듬어져 빨간 플라스틱 바구니에 담겨 늘어선다. 여린 봄 쑥, 뿌리가 긴 냉이, 봄동, 향이 좋은 방풍나물, 아들보다 사위 먹인다는 첫물부추, 돈 나물, 돌미나리, 취나물, 머위 등 입맛을 돋우는 달면서도 쌉쌀한 나물거리들이 간택을 기다린다. 그뿐 아니라 멍게며 홍합 조개들까지 바다의 봄내음도 탱글탱글 살쪄 구미를 당기며 줄 서 있다. 이맘때 나의 새벽시장 나들이는 신나고 잦다. 신들린 듯 장바구니를 봄나물들로 채운다.

늘 건더기 없는 탕이나 맑은 차로만 고집해 온 죽향에서도 이른 봄부터 단오까지 봄나물 철이 되면 조심스레 차실에 깨소금, 참기를 냄새를 풍긴다. 오늘은 이 팀, 내일은 저 팀, 이분 저분 등 그동안의 곰삭은 인연들과 틈틈이 봄나물 밥상을 함께한다. 봄동으로는 자작하게 물김치를 담그고 정구지로는 가볍게 겉절이를 하고 시간이 여유로우면 부추전을 굽는다. 탱탱하게 살 오른 조개나 굴을 넣어서는 쑥국을 끓인다. 그리고 가장 맛나게 자신 있게 잘하는 여러 가지의 나물을 조물조물 무친다.

겨울을 넘긴 남해 시금치나 돌미나리는 조선장으로, 방풍나물과 취나물은 젓갈장으로, 냉이와 머위는 된장으로 간을 맞춘다. 나물의 종류에 따라서 간을 달리 하는 것은 친정 어머님의 방식이었다. 나물찬을 하기 위해서는 여러 가지를 강조하셨는데 채소를 가리는 일부터 데치기, 무치기까지 하나하나 일러 주셨다. 사실 그때는 하찮은 잔소리로 들었다.

흙을 털고 잎을 떼고 데치기 전에 시금치 밑둥에 칼집 넣는 것 등 나물이 되기 전의 과정이 더 중요하다며 일일이 일러 주셨다. 알맞게 익히는 것이 가장 좋지만, 종류에 따라 계절에 따라서도 익힘 정도를 달리하면 좋다고도 하셨다. 향기를 취하려면 살짝 데치고 맛을 내려면 한 소끔 더 익히는 것이 좋다고도 하셨다. 나물을 무치기 전에 반드시 물기를 꼭 짜고 나물이 치렁치렁 엉기지 않게 칼질을 해서 나물이 상놈처럼 거칠게 보이지 않도록 하라셨다. 몇 번이고 물기를 꼭 짜서 나물 무쳐야 장맛이 깊이 베이고 나물이 잘 쉬지 않고 한 이틀 맛이 지속된다 하셨다. 봄나물 철이면 엄마의 음성은 살아서 곳곳 따라다니는 듯하다.

오랜 세월 동안 친정엄마의 나물 방식은 이제 완전히 체득되어 자유자재가 되었다. 특히 차를 덖어 익힐 때 어머님의 가르침이 그대로 응용되어

225

좋은 차까지 만들게 되었다.

　차를 만드는 데에도 향을 취하고자 할 때는 살짝 설익히고, 맛을 중시하고 하고자 하면 더 익히는 것이 맞았다. 물론 꼭 알맞게 익혀 두 가지를 다 취하는 것이 최고이기는 하지만 스스로 선택의 기준을 두면서 세 가지에 모두 정통하게 되었으니 차를 만드는 일에 마음이 휘둘리지 않게도 되었다.

　나의 친정 어머님은 나물을 살짝 무르게 익혀 맛을 내라 하셨다. 사람도 향기보다는 익어 사람 맛이 나야 한다며, 나물 무칠 때마다 하신 말씀들이 결국 삶의 지침이 되었다. 엄마의 봄나물 이론은 나의 삶으로까지 확장되어 맛 내는 일에 치중하고 산다.

　죽향의 봄나물 맛처럼 사람도 익어야 제맛일 것이다. 틈틈이 봄나물 회동으로 인연을 익히며 겹겹의 봄을 만들어 가고 있다.

비로소 봄

일 년 중 절기와 관련된 특별한 일상은 누구에게나 있을 것이다. 차인들에게는 햇차가 나오는 4월이 설렘이요, 그리움이요, 만사형통의 부적이요, 청안 그 자체이다. 4월의 청명과 곡우는 차와 불가분의 절기이다.

우리나라에서는 고급 차의 기준은 곡우이다. 곡우 이전에 난 여린 잎으로 만든 차를 우전차로 최고급차라 하고, 그다음으로 세작, 중작 대작으로 구분한다. 그런데 재작년부터는 아열대성 기후로 변화여 햇차의 시기가 4월 5일 청명 전후로 앞당겨졌다. 올해 처음, 명전차(明前茶)라는 이름으로 햇차를 마시게 되니 기후의 변화를 온전히 실감하게 되었다.

올해 햇차는 4월 7일 오후에 받았다. 정성을 다해 두 손으로 차 봉지를 들어 이마에 정례 한 후 살포시 가슴에 품었다. 내게 있어 햇차는 한 해 무탈한 대자연의 안부이며, 일 년 삼백육십오일 먼먼 우주의 한 해 일들을 낱낱이 들려주는 보고서이다. 차곡차곡 사무친 그리움이요, 사랑의 화신이며 나의 낭군이시다.

햇차가 입고되자 차분하던 죽향의 차실에 잔잔한 물결이 인다. 찰랑찰랑 생기가 돌면서 차 호사가들이 모여들었다. 햇차를 학수고대한 죽향의 단골 차꾼들이다. 햇차 한 잔은 늘상 마시던 차 한 잔이 될 수 없는 사람들이다. 진지하게 음미하고 나누며 저마다의 느낌들로 시인이 되고 인생의 철학자가 일순 되어 버리는 사람들이다.

옛 어른들의 햇차에 대한 그리움과 간절함은 차시(茶詩)에 자주 등장한다. 차를 만드는 방식도 달랐고 보관도 달라 4월에 잠깐 녹차의 신선함을 즐겼을 뿐, 처마에 걸어 두고 마셨던 차는 곧 산화 발효되어 고유의 녹차 맛을 낼 수 없었다. 그런 까닭에 싱그러운 녹차에 대한 간절함은 끝내 그리움이 되었을까. 북방에 위치하여 차가 늦게 나오자 섣달부터 맥과차(麥果茶)라 하여 차나무에 겨우 붙어 있는 차의 눈(嫩)을 따서 차를 만들어 마셨다는 기록까지 있다. 상상할 수 없는 눈물겨움이다. 그런 상황에 중국으로 간 사신들에 의해 들어온 명전차나 화전차는 당시의 차 호사가들에게는 어떤 의미였을지는 먹먹해 오는 가슴이 일러 줄 뿐이다.

햇차를 우릴 때의 마음 또한 예사롭지 않다. 그 어린 찻잎의 인고를 아는 까닭에 마음은 절절해진다. 찻물은 새로 길러온 신선한 눈수(嫩水)를 쓴다. 급히 부글부글 끓인 가벼운 탕수보다 무쇠솥에 뭉근히 오래 달인 찻물을 고른다. 송풍회우성(松風檜雨聲)의 물 끓는 소리 들으며 사유와 성찰의 시간을 미리 갖는다. 열탕 위주의 가벼운 일상의 차법에서 좀 더 긴 호흡으로 행다를 실행한다. 다관을 보듬어 안고 뜸 들이는 시간을 부려 오래 갖는다. 햇차를 마시는 이 시간은 진정 사바세상의 한순간, 꽃을 피우는 일임을 알게 된다. 차향이 흩어지지 않게 정성껏 따른 첫 잔은 불단의 불보살님께 공양 올린다. 존재의 모든 것에 감사와 축복을 염원한다. 두 번째 잔은 일 년의 오늘을 기다리며 차살림을 잘 이루어 온 죽향의 가족들과 인연 깊은 차벗들과 나눈다. 햇차 한잔은 세상을 향한 감사의 공양물이요, 차 마시는 시간은 그대로 차선이 됨을 오롯이 경험한다.

시각과 촉각의 작용에서 감지되기 시작한 2월의 봄은 4월 햇차로 활짝 마음꽃을 피우는 봄으로 맞이한다. 죽향의 봄은 햇차로부터 비로소 시작이 된다.

時雨

　겹겹의 초록 농담이 한 폭의 수묵화다. 들판, 산, 강둑까지 녹색 향연이 절정이다. 초록 잎들 먼저 피고 울창하게 나무를 덮고서야 쌀밥 닮은 꽃들 무더기로 피는 이팝나무꽃, 감성 향기로 5월을 사로잡는 아카시아꽃, 소박한 찔레꽃까지 그 흰 꽃들이 차례차례 피고 지더니 녹음으로 모두 사라졌다.

　이른 봄꽃들은 맨몸에서 피는 것과는 사뭇 다른 모습이었다. 푸른 잎들과 마주한 5월의 꽃들은 싱그러움과 풍성함의 상징이다. 2월과 3월의 꽃들이 빈 가지에서 개체로 피어나 독립적이었다면, 5월의 꽃은 푸른 잎과 함께 피어 연계적이며 상호적이다. 인간 세상 같다.

　한 공간에서 나무와 풀로, 사람으로 숨 쉬는 한 생명으로 존재하건만 절기마다 다른 모습을 보여 주는 자연의 섬세한 변화들은 늘 감동이다.

　5월! 계절의 여왕이라 했던가. 자연의 일이든 사람의 일이든 싱그럽고 풍성하기가 딱 5월이다.

　초록의 다양한 농담과 부피만큼 일상의 소소한 일들이 형형색색의 무늬를 만들며 삶을 예술로 승화시킨다. 신선한 햇차를 즐기며 여유로웠던 잠깐의 시간이 흐르고 5월이 되자 본격 차 행사들로 바빠졌다.

　죽향 또한, 시절 인연으로 5월을 무대 삼아 촉석루에서 주말마다 찻자리를 펼치고 있다. '촉석루 풍류차회 및 피크닉 찻자리'라는 진주형 문화예술 공모사업을 실행하는 것으로서 차도 시연을 보이는 새로운 형태의 공연차회를 열고 있다. 현대 차문화의 중흥지로, 한국차문화의 수도로서 차문화의 대중화를 위한 구체적 방법으로 제시한 결과물이다.

찻집 현장에 오래 몸담아 온 사람으로서 잘할 수 있는 일이다 싶어 사실 가볍게 시작했는데 매번 실행할 때마다 느끼는 일의 강도와 부피는 엄청나다. 실질적인 차회의 일보다 집행에 관련된 서류 준비, 촉석루로 옮겨야 하는 물품들, 행사장 준비 복잡하기가 이만저만이 아니다. 차회를 홍보하고 인원을 신청받고 풍류차회, 그 직전까지는 모든 것이 노동이다.

차손님들이 방석에 모두 좌정하시고 가야금의 침향무를 탄금하는 순간, 촉석루는 천상의 시간과 공간으로 변한다. 송풍성(松風聲)의 물 끓는 소리와 찻물 따르는 소리까지 더해지면 촉석루는 운치와 멋으로 풍류 그 자체가 된다. 잠시 호흡을 고르고 탁탁탁 세 번의 죽비소리는 선연한 지금을 드러낸다. 천천히 죽향선차법을 시연한다. 절제된 동선과 집중된 호흡으로 차를 다루고 마시는 전 과정을 마치 참선하듯 표현한 것으로 차선(茶禪)이자 예술이다.

죽향선차법 수련으로 차의 정신을 배우고 차의 요체를 체득하고 차도의 진수를 얻게 되면 찻물이 배고 어느덧 차인이 된다. 시인은 시를 쓰는 사람이고 차인은 차회를 여는 사람이라고 어느 차인이 말했다. 차를 다루고 마시는 일상의 일들을 통해 몸은 섬세해지고 마음은 밝고 선연해져 미세한 자연의 숨소리인 바람까지 느끼게 되면, 삶의 가벼움이 맑은 구름이요, 인연으로 일어나고 사라지는 현상임이 보인다.

이쯤에 마시는 한 잔의 차는 감로가 된다. 지금껏 그 어디에서도 없는 차 맛이다. 주객은 하나가 되고, 달고 부드러운 차를 천천히 음미한다. 첫 번째 잔으로 입술과 목을 적시고, 두 번째 잔에는 번민이 사라짐을 느끼고 다시, 세 번째의 차에는 마른 창자가 적셔지면서 오천의 시어(詩語)들이 떠오르고 가벼이 땀이 나고 세상의 불평사(不平事) 모두 땀구멍으로 사라지는 것 같다. 노동의 칠완다가(칠碗茶歌)의 마지막 구절처럼, 드디어 겨드랑이뿐이랴 온몸 가벼이 바람 일어 촉석루의 바람과 하나가 된다. 풍류(風流)이다.

세상 모든 일, 때의 알맞음이 얼마나 미묘했으면 묘용시(妙用時)라고 했을까. 오월의 녹음과 촉석루, 삶을 아름답게 장엄하고자 하는 사람들이 함께하여 만들어 내는 풍류차회는 매번 절묘했다. 연이어 진행한 탓에 몸의 무리로 한편으로는 쉬고 싶은 간절함도 있었다.

꼭 알맞을 순간에 내리는 비를 시우(時雨)라고 한다. 필요할 때 요긴하게 내려 만물을 소생시키는 비로 묘하고 귀한 순간을 이르기도 한다. 올봄엔 봄장마라고 할 정도로 비가 잦아서 행사를 진행하는 사람들에겐 사실 걱정이 많았는데, 요긴할 때 비를 만나 시우가 되었다. 계획된 야외 행사가 비 때문에 취소되어 쉴 수 있게 된 것이다. 경상국립대 캠프스 동아리 어울축제장에서 칠차삼정(七茶三情) 차동아리 회원들과 풍류차회 및 피크닉 찻자리 야외 행사를 진행하기로 약속된 날이었다. 학생들과 함께 찻자리를 열고 캠퍼스 잔디밭에서 삼삼오오 차 피크닉을 즐기기로 계획된 행사였는데 아침부터 내리는 비로 행사를 실행할 수 없게 되었으니 나에게는 절묘할 때 비가 내려 유익하게 하듯 시우가 된 것이다.

오프닝과 함께 그동안 세 번째의 강도 있는 행사를 지속하면서 누적된 피로를 풀 수 있게 되었다. 오늘의 비는 분명 시우며 묘용시가 되었다. 참으로 개인적으로 유익한 상황이 되었다. 한쪽 문이 닫히면 다른 한쪽 문이 열린다 했다. 어떤 상황이든 묘하고 묘한 시간의 연속이다. 마냥 삶이 그렇다는 것을, 알게 하는가 싶다.

3. 평론

슬픔을 견디는 힘
- 허수경론

조구호

1.

허수경(1964~2018) 시인의 작품에 대한 연구가 적지 않게 이루어졌는데, 그의 시 세계는 독일 이주 이전과 이후가 다른 양상을 보인다는 것이 일반적인 견해이다. 독일 이주 이전의 시에서는 여성주의적 시들이 강하게 드러나며 전통적인 성 역할을 충실히 수행하는 순종적인 모습에 가깝지만, 독일 이주 이후에는 성적 정체성이 무화되어 여성 시인으로서가 아닌 시인으로 거듭나고 있다는 평가와, 독일 이주 이후에는 우리 역사와 여성의 상처와 사랑만을 노래하지 않고 세계사적 시선으로 확대되었다는 평가 등이 있다. 독일 이주 이후의 시 세계의 변화는 독일에 거주하면서 접하게 된 중동을 비롯한 여러 나라의 난민들과 길거리를 떠도는 가난한 사람들을 보면서 시인의 시선이 보다 넓어진 것이 아닌가 싶다. 삶의 공간과 시간의 변화에 따른 작품의 변화 양상이라 하겠다.

허수경의 시가 독일 이주 이전과 이후로 다른 양상을 보인다고 하지만, 그의 시를 관통하는 주된 정서는 첫 시집에서 강조된 삶을 견디며 살아내는 사람들에 대한 애정과 연민, 그리고 역사에 대한 믿음과 희망이 아닌가 싶다. 앞의 사람들에는 가난하고 고통 받는 노동자와 도시빈민, 역사의 변혁을 추구하는 민중, 더 나은 가치를 추구하는 지식인 등 다양한 존재들이 포함된다. 그리고 뒤의 역사는 무력과 권력의 횡포에 정의와 진리가 일시적으로 은폐되거나 위축되기도 하지만 세계사의 발전 과정에서 보듯이 정의와 선이 이긴다는 역사의 정의이다. 이것은 첫 시집의 제목에서 암시하는 바와 같이 슬픔을 건디는 힘이다. 곧, 시인은 역사의 정의에 대한 믿음으로 고난과 역경을 건디며 살아내는 사람들을 안타까워하며 그것을 시적인 언어로 형상화했다고 하겠다.

2.
　허수경의 시를 관통하는 정서인 가난한 이웃들에 대한 애정과 연민, 역사에 대한 믿음과 희망은 첫 시집 『슬픔만 한 거름이 어디 있으랴』에서부터 잘 드러난다.

　　내일은 탈상
　　오늘은 고추모를 옮긴다.

　　홀아비 꽃대 우거진 산기슭에서
　　바람이 내려와
　　어린 모를 흔들 때

　　막 옮기기 끝낸 고추밭에
　　편편히 몸을 누인 슬픔이
　　아랫도리 서로 묶으며
　　고추모 사이로 쓰러진다.

슬픔만 한 거름이 어디 있으랴

남녘땅 고추밭
햇빛에 몸을 말릴 적
떠난 사람 자리가 썩는다
붉은 고추가 익는다

- 「탈상」 전문

위 시는 첫 시집의 표제시로 그의 시 세계를 상징적으로 보여 준다. 이 시에서의 '탈상'의 당사자와 대상은 모두 평범한 민중으로 하루하루를 견디며 살아가는 사람들이다. 그래서 사랑하는 사람의 죽음으로 인한 고통과 슬픔에도 생계를 꾸려 가기 위해 농사를 짓고 일을 해야 한다. 슬픔을 견디며 삶을 꾸려 가야 하는 것이다. 시적 화자는 "내일은 탈상"하는 날이지만, "오늘은 고추모를 옮긴다"고 말한다. 누군가의 죽음을 슬퍼해야 하지만, 고추모를 옮기는 일을 해야 하는 상황임을 말하고 있다. "홀아비 꽃대"가 "우거진 산기슭"에서 외로움과 쓸쓸한 상황을, '바람이' 와서는 "어린 모"를 흔든다는 표현에서는 외부의 상황으로 인해 어려움을 겪고 있음을 알 수 있다.

그렇지만 외롭고 어려운 상황도 '고추모의 아랫도리를 묶는' 것처럼 연대를 통해 극복이 가능하다는 것을 암시한다. 고추 모처럼 여리고 미약한 존재들도 연대를 통해 바람을 견디고 붉은 고추로 익어 가듯이, 하루하루를 살아가는 민중들도 연대를 통해서 슬픔을 이기고 더 나은 삶의 결실을 맺을 수 있다는 믿음과 희망을 암시하는 것이다.

이 시에서 고추밭은 다른 존재와 뒤섞이고 싶은 욕망인 에로티시즘이

표출되는 장소 또는 생명체를 배양하는 모성적 장소로도 설명되기도 하는데, 슬픔을 견디며 삶을 꾸려 가는 점에서 모성적 이미지와 결부된다고 하겠다.

모성은 허수경의 시에서 중요한 모티프이자 슬픔을 견딜 수 있는 힘의 근원임은 여러 시에서 드러난다.

>신혼이라 첫날 밤에도
>내 줄 방이 없어
>어머니는 모른 척 밤마실 가고
>
>붉은 살집 아들과 속살 고븐 며느리가
>살 섞다 살 섞다
>구비 구비야 눈물 거느릴 때
>
>한 짐 무거운 짐
>벗은 듯 하낭 없다는 듯
>어머니는 밤별무리 속을 걸어
>
>- 「단칸방」 일부

이 시는 가난한 어머니가 단칸방에 신접살림을 차린 자식을 바라보는 마음이 잘 드러난다. 아들이 신접살림을 차리게 되었지만, 방이 하나뿐인 가난한 살림이라 잠자리를 함께 할 수 없어 밤마실 가는 것처럼 집을 나와 밤이 새도록 별빛을 헤며 거리를 거니는 어머니의 마음을 그려 놓고 있다. 자식의 살림에 보탬이 된다면 살이라도 베어 주고 싶지만 보태 줄 것이라고는 아무것도 없어 마른 눈물을 흘리며 안타까워하는 어머니의 모습이 잘 드러난다. 가난한 이웃들에 대한 따뜻한 마음과 눈이 없으면 포착하기 어려운 정경이다.

  도시 변두리 산비탈에 겨우 비바람을 피할 수 있을 정도로 얼기설기 움막을 치고 살아가는 달동네 사람들의 형편을 직접 보지 않으면 알 수 없는 정경인데, 시인은 그런 사정을 직접 겪은 듯이 그리고 있다. 모자가 단칸방에서 생계를 꾸려 가다가 아들이 짝을 얻어 신접살림을 꾸리게 되었지만 따로 잠자리를 마련해 줄 수 있는 형편이 되지 않아, '붉은 살집 아들과 속살 고운 며느리가' 서로 살을 섞으며 정분을 쌓으라고 어머니가 밤마실 가는 것처럼 집을 나와 잠자리를 비켜 주는 것이다. 아들의 짝을 맺어 주어야 한다는 큰 짐을 벗은 기쁨과 잠자리를 따로 마련해 줄 수 없는 가난한 살림에 서러움의 눈물을 흘리며 밤거리를 거니는 어머니의 모습이 마치 밤하늘 별빛처럼 아련한 정경이라고 하겠다.

  이런 모성적 따뜻한 시선은 '파출부', '하수구 치는 노동자', '저자거리를 떠도는 각설이', '폐병쟁이가 된 사내' 등등 가난한 민중들의 고달픈 삶을 다각적으로 형상화하고 있다. 다음과 같은 시에서도 가난한 민중에 대한 애정과 연민은 잘 드러난다.

그 사내 내가 스물 갓 넘어 만났던 사내 몰골만 겨우 사람꼴 갖춰 밤 어두운 길에서 만났더라면 지레 도망질이라도 쳤을 터이지만 눈매만은 미친 듯 타오르는 유월 숲 속 같아 내라도 턱하니 피기침 늑막에 차오르는 물 거두어 주고 싶었네/산가시내 되어 독오른 뱀을 잡고/백정집 칼잽이 되어 개를 잡아/청솔가지 분질러 진국으로만 고아다가 후후 불며 먹이고 싶었네 저 미친 듯 타오르는 눈빛을 재워 선한 물같이 맛깔 데인 잎

차같이 눕히고 싶었네 끝내 일어서게 하고 싶었네/그 사내 내가 스물 갓
넘어 만났던 사내/내 할미 어미가 대처에서 돌아온 지친 남정들 머리맡
지킬 때 허벅살 선피지라도 다투어 먹인 것처럼/어디 내 사내뿐이랴
- 「폐병쟁이 내 사내」 전문

여러 사람이 언급하기도 했듯이 위 시는 '폐병쟁이 사내'를 내 사내로 거두어 살려 내고 싶어 하는 모성애를 그리고 있다. 시의 화자는 폐병쟁이 사내의 '늑막에 차오르는 물을 거두어 주고 싶어' 한다. "산 가시내 되어 독 오른 뱀을 잡고/백정집 칼잽이 되어 개를 잡아/청솔가지 분질러 진국으로만 고아다가 후 후 불며 먹이고 싶어" 하는 모습은 앞에서 말한 모성애적 심성이다. 그런데 이런 모성은 단지 폐병쟁이 사내에게만 국한된 것이 아니다. 그것은 "내 할미 어미가 대처에서 돌아온 지친 남정들 머리맡 지킬 때 허벅살 선피지라도 다투어 먹인 것처럼/어디 내 사내뿐이랴"에서 알 수 있듯이, 세상의 힘들고 어렵게 살아가는 모든 남정네들로 확대된다. 「지리산 감나무」의 남정들, 「진주초군」의 이름조차 잊힌 진주초군들, 「상여길」의 옆집 앉은뱅이 총각, 「원폭수첩 3」의 김씨, 「그렇지만 우리는」의 아버지 등등 이 땅의 고달프고 소외된 사람들 모두를 거두어 보살피고 배부르게 먹이고 싶은 것이다. 이런 가난한 이웃에 대한 애정과 연민은 뒤에서 언급될 독일 이주 이후에 발표된 시에서는 정착할 곳 없이 떠도는 세계 여러 나라의 난민들로 확대된다.

허수경의 시 세계를 지탱하는 또 다른 축인 역사에 대한 믿음과 희망은, 더 나은 세상을 위해 땀과 피를 흘린 민중들의 노력을 조국의 역사가 기억하고 증언해 준다는 것이다. 이런 믿음은 누가 심어 주는 것이 아니라, 숱한 곡절 속에서도 끝없이 발전해 온 역사에서 보고 깨닫는 것이다.

일제강점기 학도병으로 끌려가 목숨을 걸고 탈출하여 6천 리를 걸어서 임시정부로 찾아가 광복군이 되어 조국 해방을 위해 투쟁했던 김준엽은 역사의 신을 믿는다고 했다. 그가 말한 역사의 신이란 '오랜 세계사의 발전 과정을 보면 여러 굴절이 있지만 결국은 정의와 진리와 선이 이긴다'"는 역사의 진리다. 권력의 횡포와 무력에 잠시 정의와 진리가 은폐되거나 위축되기는 하겠지만, 언젠가는 정의와 진리는 승리하고 후대의 교훈이 되는 것이 역사의 진리이다. 이런 역사의 진리는 누구나 알 수 있는 것이지만, 권력의 횡포와 폭력에 맞설 수 있는 용기와, 가난과 배고픔을 견디고 감당할 수 있는 의지가 없으면 외면하기 쉽다. 부당한 권력에 저항하여 잘못된 역사를 바로잡으려는 투쟁과 희생이 더 나은 세상과 새로운 역사를 만드는 거름이 된다는 믿음과 의지가 있어야 어떤 고난도 두려워하지 않고 감내할 수 있는 것이다.

　그런 역사의식은 진주농민항쟁의 이름 없는 '초군들'(「진주초군」), '빼앗긴 나라를 되찾기 위해 눈보라 휘몰아치는 만주벌판을 헤매었던 독립군'(「국경」), '구린내 나는 자유는 마다하며 독재정권과 싸웠던 민주투사들'(「항소 이유서」)를 비롯한 민중들의 투쟁과 삶을 통하여 형상화하고 있다. 그들은 부당한 권력에 맞서 싸우며 더 나은 세상을 여는 밑거름이 되고자 한다. 그리하여 잘못된 역사를 바로잡기 위해 온몸으로 투쟁한 사람으로 역사에 기억되기를 바란다. 그렇기 때문에 '모질게 매질을 당해도'(「사식을 먹으며」) 당당하게 맞서 역사 발전의 거름이 되겠다고 하고, 또 그런 사람들을 기억하겠다고 한다.

　돌아오지 않아도 불어야 할 이름 석 자

---

*　김준엽, 『역사의 신』, 나남, 1990, 283-284쪽.

도처에 깔려 있어 시를 쓸 만한 땅

　　때로는 몫을 감당하지 못해 곤궁해도

　　즐거운 시련이 많은 땅

　　우린 아직 능력이 있어요 비듬보다 못한

　　날들을

　　등짝에 모진 짐처럼 지고 살아도

　　못나지 않은 백성입니다

　　한반도는 처녀지가 많아 가슴 깊이

　　밭갈이 한 번 해보지 못한 것 많아

　　현대사 산맥 넘기

　　이렇게 힘겨운 것뿐

　　우린 입성조차 변변치 못한

　　당당한 백성입니다

　　　　　　　　　　　　　　-「진주초군」전문

　위 시에서 보듯이 '입성(옷)조차 변변치' 않은 가난한 민중들이지만 처녀지를 밭갈이를 하듯이 역사의 산맥을 새롭게 밭갈이 하고자 하는 투지는 당당하기만 하다. 가난하고 힘겨운 삶이지만 위축되거나 못났다고 생각하지 않고 역사의 주인으로 당당하게 자기의 몫을 하며, 더 나은 역사를 위해 감당하기 어려운 힘든 일도 마다하지 않는 것이다. 그들은 '때로는 몫을 감당하지 못해 곤궁'하기도 하고, 또 '비듬보다 못한 날들을 등짝에 모진 짐처럼 지고 살아가기'도 하지만 새로운 역사의 산맥을 넘기 위해 시련을 마다하지 않고 오히려 즐겁게 여긴다. 새로운 역사를 위한 고난과 투쟁이 헛되지 않다는 것을 믿기 때문이다. 이런 믿음과 의지에서 육신의 고통을 참고

견딜 수 있고, 새로운 역사를 위한 거름이 되기를 마다하지 않는다.

　　허구헌 날 찌든 땅 속 발바닥 실핏줄까지 쩔었다고 믿음까지 썩어지지
　　않을지니
　　……
　　눈발 사무치게 뼈를 갈아내어도 국경까지 다 덮을 수 있으랴
　　두엄 같은 믿음까지 갈아엎을 수 있으랴
　　　　　　　　　　　　　　　　　　　　　　　　　－「국경」일부

　육신의 고통이 뼈에 사무치고 실핏줄까지 찌들게 만들어도 '믿음까지 썩어지지 않을' 것이라고 하며 믿음을 잃지 않는다. 그릇된 역사의 폭력과 압제가 눈발처럼 온 나라를 덮고 국경까지 덮어도 '두엄 같은 믿음까지 갈아엎을 수 있겠느냐'고 하며, 어떤 폭력과 고통에도 굴복하지 않고 역사의 거름이 되겠다는 것이다.
　이런 투지와 믿음에서 감옥살이를 하거나 또 독재정권의 폭력을 피해 은둔 생활을 해도 희망을 잃지 않는다.

　　안개의 쓸쓸한 살 속에 어깨를 담그네
　　유배지의 등불 젖은 가슴에 기대면
　　젊은 새벽은 이다지도 불편하고
　　뿌리 뽑힌 꿈의 신경이
　　막막한 어둠 속에서 부서지네

　　그러나 우리는

우리가 가장 그리워
쫓아낸 자의 어머니가 될 때까지
이 목숨 빨아 희게 입을 때까지

-「유배일기」전문

얼핏 보면 위의 시는 다소 모호하다. 화자가 처한 상황이 잘 그려지지 않기 때문이다. 그러나 시의 행간을 꼼꼼하게 보면 화자가 처한 상황은 '막막한 어둠 속'임을 알 수 있다. 무엇도 할 수 없는 막막한 어둠 속에 갇혀 젊은 가슴을 쓸쓸히 적시고 있다. 그렇지만 좌절하지는 않는다. 화자를 막막한 어둠 속에 유배시킨 자들이 화자와 화자의 동지들을 어머니처럼 여기고 따르는 세상이 될 때까지 스스로에 대한 믿음을 잃지 않고 굳건히 견딜 것을 다짐하고 있다. 그런 다짐과 의지는 남이 가져다주는 것이 아니라, 스스로 그렇게 다짐을 굳건히 하는 것이다. 그것은 앞에서 말한 정의와 진리와 선이 반드시 이긴다는 역사의 진리에 대한 믿음인 것이다.

3.

허수경의 두 번째 시집 『혼자 가는 먼 집』에서는 첫 번째 시집과는 다소 다른 양상을 보인다. 가난한 이웃과 민중들에게 주시되었던 시선이 생존을 고민하는 존재로 전환된다. 이것은 그의 생활 공간의 변화와 무관하지 않다. 그는 1988년 첫 시집을 출간한 이후 생활공간을 고향인 진주에서 서울로 옮겼는데, 그는 서울에서 생활문제로 적지 않은 고난을 겪은 것으로 알려졌다. 먹고사는 문제가 시급한 문제였던 것이다. 그것이 두 번째 시집에서 중요하게 부각된다.

『혼자 가는 먼 집』에서 시인은 '살아가는 게, 살아내는 게 상처였다'('서

늘한 점심상」)고 하고, 살아내려는 먹고 싶은 비통함에 울기도 한다(「먹고 싶다」). 생존의 근거인 몸의 요구에 반응하고 따라야 하는 것은 당연하지만, 시인에게는 고통이고 상처가 된다. 그것은 '살아남아야 한다'는 절박함과 순결함을 지키고 싶은 바람 때문이다.

> 서울 와서 내가 제일 많이 중얼거린 말
> 먹고 싶다……
> 살아내려는 비통과 어쨌든 잘 살아남겠다는 욕망이
> 뒤엉킨 말, 먹고 싶다
> 한 말의 감옥이 내 얼굴을 변하게 한 공포가
> 삼류인 나를 마침내 울게 했다
> 그러나 마침내 반성하게 할까!
>
> 나는 드디어 순결한 먹고 싶음을 버렸다 서울에 와서
> 순결한 먹고 싶음을 버리고
>
> —「먹고 싶다……」부분

위 시에서 보듯이 시인은 '살아남아야 한다'는 절박함과 순결함을 지키고 싶은 바람에 갈등한다. 살아남기 위해서는 순결함을 버려야 하고, 순결함을 지키려고 하니 살아남을 수가 없는 상황인 것이다. 선택의 여지가 없는 상황인 것이다. 그러면 왜 시인은 이런 상황에 놓이게 되었을까? 분명하게 드러나지는 않으나, 역사를 바꾸려는 노력이 물거품이 되고 다시 암울한 시대에 처하여 실의와 좌절에 빠져 있는 상황이거나, 생존을 위한 어떤 대책도 없는 절박한 상황에 내몰린 것이 아닌가 싶다. 시에서 드러나는

것만으로 보면, 뒤의 상황일 가능성이 높다.

그렇지만 첫 시집『슬픔만 한 거름이 어디 있으랴』와 연계하여 생각해 보면 앞의 상황일 가능성이 높다. 그것은 첫 번째 시집(1988년)과 두 번째 시집(1992년)이 간행된 시기에서도 짐작해 볼 수 있다. 첫 시집에서 노래한 민족의 역사에 대한 믿음은, 곧 군사정권의 폭력과 억압에도 역사에 대한 믿음을 잃지 않고 맞서 싸웠던 민중들의 노력과 희생을 역사가 기억할 것이라는 믿음이다. 그런데 민주화운동을 주도했던 세력의 분열로 다시 군사정권이 지속되는 참담한 상황에 놓이게 되자, 시인은 생존의 문제와 삶의 본질에 대한 물음을 제기한 것으로 이해된다.

시인은 어쩔 수 없이 '순결함'을 버리고 살아남는 것을 택한다. 생존을 위해서는 어쩔 수 없는 일이다. 생존의 수단인 '밥은 허수경의 삶을 정확하게 담아내려는 쓰라린 실존이었다"는 언급도 있지만, 생존을 위해 먹어야 하는 것이다. 그것이 '상처'가 된다(「서늘한 점심상」)는 것을 알지만 살아가기 위해서는 어쩔 수 없는 일이다. 그래서 비통하고 참담해서 우는 것이다. 생존의 비극에 대한 시인의 고뇌는 다음과 같은 시에서 보다 잘 형상화되어 있다.

봉천본동 개나리 누런 바람
그해는 유난히 배가 고팠네
그애도 쌀 한 봉지에 하초를 벌리던 그애도
그애 방에 자주 오던 아저씨들도
이제 막 간지럼을 피며 돋아들던 그애 젖망울도
비릿한 초경. 붉은 달처럼
저물어가 카바이드불 낮게 흔들리는

---

* 이문재, 「'밥'이 모국어인 한 시절」, 『내가 만난 시와 시인』, 문학동네, 2003, 154쪽.

포장집마다 흉흉한 소문이 돌고
여자들이 떼로 몰려와 그애 머리채를
휘어감던 봄밤도
배가 고팠네 떠날 때 그애를 거두어갔다던
하수도 치는 늙다리 총각 절룩이는 그의
황사 같은 반쪽 다리도
이제 막 물이 오르기 시작한 그애의 하초도
눈에 가득 봄밤을 담고
저물어 저물어가던 봉천본동 개나리
누런 입술 위를 슬몃거리던
바람도 아흐 집집마다 슬레이트 지붕 위로
덮쳐오던 저무는 봄밤
시퍼런 내침의 봄밤

-「저무는 봄밤」 전문

생존의 문제를 잘 그린 작품이다. 먹고 사는 문제에 대한 고뇌가 없었다면 쉽게 쓸 수 없는 시이다. 막 초경을 지난 여자아이의 누렇게 뜬 얼굴과 허름한 판자촌이 즐비한 산동네의 풍경이 눈에 선한 듯 그려진다. 지금은 잘 접할 수 없지만, 30~40년 전에는 간혹 텔레비전 뉴스에서 들을 수 있었던 이야기이다. 가진 것 없고 배우지 못한 가난한 이웃들의 삶이었고, 그런 상황에서 아무런 보호막 없이 내몰린 초경을 지난 여자아이들이 당했던 비극이었다. 시인은 그런 가난한 사람들의 삶을 통해 생존의 문제를 고민하고 마음 아파했던 것이다.

이런 모습은 세 번째 시집 『내 영혼은 오래되었으나』(2001)와 그 이후의 시집들에서는 세계의 가난한 사람들로 확대된다.

1

고향에서 강제로 이주된 늙은 신들은 지상 전시실에서 눈동자 없는 눈으로 흉곽을 들여다보고 있다 (……) 늙은 신들은 발목 없는 말을 재촉한다 지상 전시실 입장료는 4마르크이다

2

러시아에서 온 아낙들이 박물관 앞에서 붉은 별이 선명한 군용 모자를 판다 그리스정교의 성모가 작은 조갑지 같은 박분통 안에 들어 있다 그들의 자제 중 하나가 성모를 위해 착한 시간을 바쳤다 5마르크에 그 시간을 살 수 있다

3

(……)

월남에서 온 키 작은 남자가 노랗게 볶은 국수를 판다 고기를 넣으면 4마르크, 고기를 넣지 않으면 3마르크이다

4

도시전철 안에서 전쟁을 피해온 가수는 노래한다 그의 입 안에서 탱크가 지나가고 탱크 안에는 목 잘린 태아가 웅크리고 있다 1마르크에 태아를 구경할 수 있다

— 「베를린에서 전태일을 보았다」(『내 영혼은 오래되었으나』) 부분

위의 시는 독일 이주 이후에 발표된 것으로, 독일에서 생계를 꾸려 가기 위해 몸부림치는 가난한 이주민들을 모습을 형상화하고 있다. 시적 화자는 독일 베를린에서 가장 큰 박물관의 가장 작은 지하방에 산다(인용문에서는 드러나지 않지만, 위 시에는 "그해 겨울 나는/이 도시의 가장 큰 박물관에 있는/가장 작은 지하방에 있었다"고 제목 아래 주석처럼 부기되어 있다). 지하방은 가난한 사람들이 사는 곳으로 땅 위에 사는 사람들과는 차별된 공간이다. 그런 공간에 사는 화자는 또 다른 이질적인 존재인 노점상 이주민들을 보며, 노동운동의 상징인 전태일의 모습을 떠올리게 된다.

익히 아는 바와 같이 전태일은 산업화가 한창이던 1970년 부조리한 노동 현장을 개선하려는 몸부림치다가 분신한 노동운동가이자 부조리한 사회의 희생자이다. 그런 전태일의 모습을 21세기 경제 발전의 상징적인 국가 독일의 수도에서 보게 된 것이다. "러시아에서 온 아낙들", "월남에서 온 키 작은 남자", "전쟁을 피해 온 가수" 등의 이주민들이 각자의 나라에서 배우고 익힌 기술이나 개인적인 능력으로 생존을 위해 몸부림치지만 박물관을 관람하는 사람들은 그들의 고통에 무관심하고, 그들의 고통은 구제될 가능성도 보이지 않는다. "신들"조차도 늙어 버렸고 "발목 없는 말"을 타는 무능력한 존재로 전락하여 구제할 능력이 없는 것이다. 이주민들은 전쟁과 가난 등의 이유로 국경을 넘어왔지만 그들의 삶은 고국에서와 다를 바 없이 힘들고 고통스럽기만 하다. 마치 전태일이 분신한 1970년의 한국 청계천 노동자들의 모습과도 유사한 것이다. 시인은 이러한 상황을 담담하게 그리고 있다. 첫 시집에서 보았던 가난한 이웃에 대한 연민이 러시아, 베트남 등 세계적으로 확대된 것이다.

이러한 가난하고 고통 받는 사람들에 대한 연민은 『빌어먹을 차가운 심장』(문학동네, 2011), 『누구도 기억하지 않는 역에서』(문학과지성사, 2016)

등의 시집에서도 유사하게 드러난다.

그러니까 조금 더 나은 삶을 꿈꾸다가 물에 빠져 죽은 것이 21세기의 일입니다.
가축을 실어나르는 배로도 쓰이지 못하는 배를 타고 지중해를 건너다가 울었던 울음은 에볼라의 열로 죽었습니다.
--〈중략〉--
별들이 많다고 쓰다가 이생에 다시 만날 사람들의 숫자가 자꾸 줄어들고 있다는 생각을 한다. 더러 만나보지도 못했던 유령들도 있어서 누군가 영혼의 물을 따라주자 나는 그걸 눈물이라고 부를 수도 있었네
새벽이면 내게서 새들은 울었고
새 없는 내 속에는 공허를 집어 먹는 괴물이 새들의 날갯짓을 울음으로 들었다

-「유령들」 부분(『누구도 기억하지 않는 역에서』)

위 시는 그의 마지막 시집인 『누구도 기억하지 않는 역에서』에 수록된 「유령들」의 부분이다. 시는 제목에서 암시하듯이 내전, 종교적 갈등, 인종차별 등의 이유로 목숨을 걸고 배를 타고 탈출하려는 사람들 중에는 지중해에 빠져 목숨을 잃고, 또 에볼라 등의 전염병으로 목숨을 잃고 유령이 되어 독일의 도시를 떠돈다는 것을 말하고 있다. 배를 타고 바다를 건너 유럽의 독일이나 프랑스 등 살기 좋은 나라로 가면 새로운 삶을 살 수 있을 것이라는 기대로 목숨을 걸고 탈출하려다가 중간에서 목숨을 잃은 사람들은 고국에서도 또 그들이 가려고 했던 목적지에서도 외면당한 존재들이다. 그들은 시신도 수습되지 못하고 바다에서 고기들의 밥이 되거나 부패

되어 수장된다. 어디에서도 위로받지 못하고 영혼마저 안주할 곳이 없어 유령이 되어 마치 새들처럼 독일 도시의 거리를 떠돈다는 것이다.

시적 화자는 '별들'로 명명된 독일로 들어오지 못한 난민들을 이생에서 다시는 만날 수 없다고 생각하며 슬퍼한다. 그들의 삶이 안타깝고 슬픈 것이다. 화자의 슬픔은 계속된다. 별들이 된 그들(중도에서 죽은)도 안타깝고 슬프지만, 우여곡절 끝에 독일로 온 난민들의 삶도 어렵고 고통스럽기 때문이다. 난민들은 길거리에서 잠을 자거나 자선 단체에서 주는 음식을 먹고 일거리를 찾기가 힘들어 불법 노점상을 하면서 힘겹게 생활을 이어간다. 그들을 시적 화자는 회색의 지대에 놓인 사람들이라고 한다. 고국에서도 또 이주해 온 나라에서도 외면당하는 존재들인 것이다. 이러한 모습은 「슬픔의 난민」(『빌어먹을, 차가운 심장』), 「루마니아어로 욕 얻어먹는 날에」(『누구도 기억하지 않는 역에서』), 「죽음의 관광객」(『누구도 기억하지 않는 역에서』) 등 여러 작품에서도 드러난다.

이렇게 허수경의 시는 가난한 사람들에 대해 애정과 연민이 시인이 처한 시공간에 따라 다양한 모습으로 형상화된 것이다. 이러한 변화와 함께 독일 이주 이후 발표된 시집들에서는 역사에 대한 믿음과 희망도 다소 변모되는 양상을 보인다.

4.

허수경의 독일 이주 이후에 발표된 시집에서는 초기의 시집에서 보였던 역사에 대한 믿음과 희망이 약화되고 있다. 가난하고 고통 받는 민중들이 더 나은 세상을 위해 노력하거나, 그러한 희망에 대한 믿음이 잘 드러나지 않는다. 다음과 같은 작품에서 희망에 대한 내용이 있기는 하지만, 초기 시들에서 보았던 역사에 대한 믿음과는 다른 양상이다.

울지 마 울지 마

여기는 이국의 수도 오늘 시장에 포탄이 터지지 않으면

내일 이 시장엔 오렌지를 가득 실은 수레가 온다네

그러니 그러니 울지 마 울지마

당신을 버린 내가 성문 앞에 앉아 이름은 잊혀진 나물을 캐고 있다 해도

내가 버린 당신이 성 안에 앉아 그 나물에다 법전을 고명으로 식은 국수

를 드신다고 해도

-「여기는 이국의 수도」부분(『빌어먹을, 차가운 심장』)

위 시는 네 번째 시집 『빌어먹을, 차가운 심장』에 수록된 작품인 「여기는 이국의 수도」의 마지막 부분이다. 시적 화자는 이국의 수도에서 울고 있는 가난하고 고통 받는 이주민을 안타까워하며 '울지 마'라고 한다. "오늘 시장에 포탄이 터지지 않으면/내일 이 시장엔 오렌지를 가득 실은 수레가 온다"고 말한다. 그렇지만 '오렌지를 가득 실은 수레가 온다'는 것은 막연한 희망을 이야기하는 것이지, 민중들의 노력이나 믿음은 아니다. 언젠가는 전쟁이 끝나고 고통도 종식될 것이라는 막연한 희망을 이야기하고 있다. 그것은 "오늘 시장에 포탄이 터지지 않으면"이라고 말하는 데서 그렇게 읽힌다. 그리고 이어지는 구절에서 알 수 있다. "당신을 버린 내가 성문 앞에 앉아 이름은 잊혀진 나물을 캐고 있다 해도/내가 버린 당신이 성 안에 앉아 그 나물에다 법전을 고명으로 식은 국수를 드신다고 해도"라고 말하고 있다. 이것은 울고 있는 주체인 '당신'이 처한 고난은 언젠가는 끝이 난다는 것을 말하고 있는 것으로, 시적 주체의 의지나 믿음과는 무관한 일이다. 초기 시들에서 보았던 믿음과 희망과는 다른 양상이다. 미래나 역사에 대한 믿음과 희망이 약화된 것이다.

이러한 양상은 시인의 시선이 달라졌다는 것을 의미한다. 시인은 독일 이주 이후 세계 각국에서 온 난민들을 통해 전쟁과 분쟁이 끊임없이 반복되고, 민중들의 삶은 크게 나아지지 않는다는 것을 보면서 초기 시에서 보였던 역사에 대한 인식이 달라진 것이 아닌가 싶다. 그것은 다음과 같은 시에서 엿볼 수 있다.

아이들 자라는 시간 청동으로 된 시간
차가운 시간 속 뜨겁게 자라는 군인들

아이들이 앉아 있는 땅속에서 감자는
아직 감자의 시간을 사네
(……)
언젠가 군인이 될 아이들은 스무 해 정도만 살 수 있는 고대인이지요,
옥수수를 심을 걸 그랬어요 그랬더라면 아이들이 그 잎 아래로 절 숨길 수 있을 것을 아이들을 잡아먹느라 매일매일 부지런한 태양을 피할 수도 있을 것을

아이들을 향해 달려가는
저 푸른 마스크를 쓴 이는 누구의 어머니인가
저 어머니들의 얼굴에 찍혀 있는 청동의 총,
저 아이를 끌고 가는 피곤한 얼굴의 사람들은

아이들의 어머니인가
원숭이 고기를 끓여 아이에게 주는 푸른 마스크의

어머니에게 제발 아이들의 안부 좀 전해주어요
아이들이 자라는 그 청동의 시간도, 그 뜨거운 군인이 될 시간도
—「물 좀 가져다주어요」 부분(『청동의 시간, 감자의 시간』)

네 번째 시집의 제목이기도 한 '청동의 시간과 감자의 시간'이 형상화된 시이다. 시적 화자는 고고학 발굴 현장의 부근에서 감자가 자라는 것을 보며, 감자로 상징되는 생명과 전쟁으로 상징되는 청동을 통해 전쟁의 상처와 고통을 제시하고 있다. 감자는 생존을 위한 식량으로 생명의 수단이고, 청동은 투구나 칼 등 전쟁의 도구인 무기의 재료이다. 생존의 수단인 감자는 잘 자라야 식량이 될 수 있다. 아이들도 마찬가지이다. 감자가 식량으로 성장하려면 시간이 필요하듯이 아이들도 어른으로 성장하기 위해서는 적지 않은 시간이 필요하다. 그런데 아이들은 스무 해 정도만 성장하면 군인이 되어 파괴와 죽음을 위한 전쟁에 동원된다. 그래서 군인으로 성장할 아이들은 스무 살밖에 살지 못하는 전쟁의 희생물이고, 그렇게 희생되는 아이들을 향해 달려가는 어머니들도 전쟁의 피해자이다. 결국 생명의 상징인 감자와 죽음의 상징인 청동의 무기들을 통하여 전쟁으로 인한 폭력과 파괴에 대한 고발이자, 전쟁의 희생자들에 대한 연민이라 하겠다.

이렇게 시인은 고고학 발굴 현장에서 전쟁의 도구로 사용되었던 유물들과, 전쟁과 폭력을 피해 이주해 온 난민들을 통해 끊임없이 반복되고 있는 전쟁과 폭력을 보면서 역사의 정의에 대한 믿음이 약화된 것이 아닌가 싶다.

5.
앞에서 허수경 시의 내용적인 특징에 대해 살펴보았다. 그러면 형식적

인 면에서는 어떤 점이 있는지 알아보기로 하자. 그의 시는 초기의 작품들에서 보였던 언어의 함축적인 구사와 형식적인 미 등이 후기로 갈수록 느슨해진다. 서술적인 표현이 늘어나고, 행 구분이 없는 산문 형식의 작품들이 많아진다. 최근 시와 산문의 경계를 구분하기 모호한 시들이 적지 않지만, 시의 특징이 운율과 언어의 함축적인 구사 등 형식적인 측면에 있다는 것은 자명하다.

다음과 같은 시를 보자.

아침 식사 됩니다, 라는 현수막이 걸린 인간의 해변까지 헬무트 씨를 데리고 왔다 식당 문을 열고 들어가니 붉은 플라스틱 슬리퍼 한 짝이 보인다 해물된장찌개 속 딱딱한 꽃게 다리를 젓가락으로 건드린다 꼴뚜기의 다리도 환각처럼 찾아오는 발도 환각처럼 사라져가는 발도 건드린다 몸통 날개처럼 팔랑거리며 바닷속으로 날아가는 미역의 영혼도 건드린다
 - 「아침 식사 됩니다」 부분(『누구도 기억하지 않는 역에서』(2016)

위 시는 여섯 번째 시집 『누구도 기억하지 않는 역에서』에 수록된 것이다. 아침 식사가 된다는 식당에서 헬무트 씨와 함께 식사를 하며 꽃게, 꼴뚜기, 미역 등을 먹으며 그것들도 영혼이 있는가를 생각해 보는 것을 표현하고 있다. 산문 형식의 시들이 지닌 주관적이고 내면적인 심리를 표현하고 있는데, 이와 같이 서술적인 언어를 구사한다고 하여 시가 안 되는 것은 아니지만 언어의 절제를 중시하는 시의 특징과는 거리가 있다. 이런 유의 작품들은 두 번째 시집 『내 영혼은 오래되었으나』(1992)에서부터 간혹 보이다가 세 번째 시집 『청동의 시간, 감자의 시간』(2005)부터는 크게 늘어난다. 네 번째 시집 『빌어먹을, 차가운 심장』(2010)에서는 수필 같은 작품도 있

다. 시의 제목도 「카라쿨양의 에세이」이다. 다음은 「카라쿨양의 에세이」의 일부이다.

나는 언제나 어머니가 다른 산에 있거나 했다. 여기처럼 여름이면 건조한 곳이 아닌 조금은 숨쉬기가 나은 곳, 여기처럼 겨울이면 춥고 습하지 않은 곳, 마당에 켜놓은 텔레비전에서 보았던 메리노양들이 수천 마리씩 떼를 지어 산다는 신대륙의 협곡 들판, 혹은 산과 산 사이에 갑자기 펼쳐지는 평평한 계곡, 어쩌면 카리부들이 사는 유콘 강가.
- 「카라쿨양의 에세이」 부분(『빌어먹을, 차가운 심장』)

위의 시는 「카라쿨양의 에세이」의 일부인데, 시보다는 산문에 가깝다. 시적 화자의 어머니는 나와 다른 산에 있는데, 그곳은 "여름이면 건조한 곳이 아닌 숨쉬기가 조금 나은 곳, 겨울이면 춥고 습하지 않은 곳, 마당에 켜놓은 텔레비전에서 보았던 메이노양들이 수천 마리씩 떼를 지어 산다는 신대륙의 협곡 들판" 등이다. 이렇게 산문 형식으로 서술된 시들을 언어의 긴장감을 느슨하게 하고, 주제 의식도 모호하게 만든다.

이러한 산문 형식과 함께 지나치게 비유적이고 난해한 표현도 허수경 시에서 지적될 수 있는 점 중의 하나다.

유채밭에서 나오는 기름 모터가 고장 난 차로 도시는 우주를 달리고 오래된 아이들은 울면서 일을 하러 가요 말하지 마세요, 저 아이들이 빛의 짐승이라고, 빛으로 된 짐승이거나 아니면 빛을 사랑하는 짐승이거나, 아니면 광합성이 아니면 추억을 키울 줄 모으는 옛 문명의 아이들이거나, 이런 문명 따위는 잊어버리겠다고 작정을 한 강거나 저 오래된 이이

들의 어머니는 유통기한이 지났다거나

-「빛의 짐승」부분(『빌어먹을, 차가운 심장』)

위의 시는 「빛의 짐승」의 첫 부분인데, 시인이 말하고자 하는 바가 쉽게 파악되지 않는다. '유채밭에서 나오는 기름 모터가 고장 난 차로 도시는 우주를 달린다'는 구절도 잘 이해가 되지 않고, 이어지는 '오래된 아이들은 울면서 일을 하러 가요'라는 구절도 앞의 내용과 잘 어울리지 않고, 이어지는 구절 "저 아이들이 빛의 짐승"이라는 것도 무엇을 말하고자 하는지 모호하다. 마치 이상의 「오감도」를 보는 것 같다.

이러한 주관적이고 내면적인 심리를 표현하고 있는 산문 형식의 시들은, 시인이 독일에 이주하여 겪은 외로움과 고단함, 그리고 가난한 이주민들을 보며 느끼는 안타까움 등이 복합적으로 작용한 것이 아닌가 싶다.

허수경의 시가 내면의 심리를 표현한 산문 형식과 함께 지나치게 비유적이고 난해한 표현으로 의미가 잘 파악되지 않는 점도 있지만, 가난하고 고통 받는 사람들을 안타까워하며 그들이 더 나은 세상에서 살아가길 바라는 것은 첫 시집부터 마지막 시집까지 일관되는 정서이다. 초기 시집에서는 관심의 대상이 한국의 민중으로 대변되는 가난한 노동자와 도시 하층민 등이었다면, 독일 이주 이후의 시집에서는 전쟁과 폭력을 피해 국경을 넘어온 난민과 이국에서 정착하지 못하고 소외된 사람들 등으로 관심의 대상이 넓어졌다. 민중과 역사에 대한 시선이 세계사적인 차원으로 넓어진 것이라 하겠다. 이런 점 외에도 그의 시를 구축하는 정서와 사상이 더 있을 것이다. 문학 작품을 비롯한 예술 작품을 그것의 의미를 읽어 내는 사람의 안목에 따라 무한히 열려 있기 때문이다.

편집 후기

원고를 모으고 편집하는 과정을 거치면서 스스로 이 작업에 대한 당위성을 부여한다는 게 어려웠다. 개인적으로도 어느 순간부터 글 쓰는 것에 대한 열정이 식은 지 오래였다. 가물에 콩 나듯 청탁이 오면 머리를 싸매고 힘을 쏟았지만 평소에는 생각을 깊이 하는 것 자체를 금기로 삼고 있는 터여서 그러했다. 스스로 삶을 단순화시키고 쉼 없이 일어나는 생각에 끌려다니지 않는 연습을 평소에 꾸준히 하고 있어서 더욱 그러할 것이다.

되돌아보면 모든 게 부족하고 궁핍했던 갓 스물을 지난 청춘의 시절, 뚜렷한 삶의 이정표도 없이 방황하고 아파했던 80년대 초반, 그 어려웠던 시기에 문학이라는 든든한 친구가 있어서 삶에 대한 깊은 위로를 받았던 것이 아닌가 하는 감사의 마음도 느껴진다.

다시는 되돌아갈 수 없는 결핍으로 인하여 더욱 애잔한 풋풋했던 청춘에게, 그리고 그 시기를 함께했던 친구, 선배들과 합평회, 시화전, MT 등 다양한 추억의 보고를 만들 수 있었던 전원문학이라는 단체의 구성원이었던 것에 고마운 마음이 생기는 것도 사실이다.

몇십 년이 지나서도 아직 문학이라는 깃발 아래 이런 결과물을 만들어낸 동료, 선배님들에게 감사의 마음을 전한다. 다음 문집이 만들어질 때까지 모두 건강하시고 문운이 가득하시길 빌어 본다.

말꽃 3집

ⓒ 전원문학회, 2025

초판 1쇄 발행 2025년 11월 20일

지은이	전원문학회
펴낸이	이기봉
편집	좋은땅 편집팀
펴낸곳	도서출판 좋은땅
주소	서울특별시 마포구 양화로12길 26 지월드빌딩 (서교동 395-7)
전화	02)374-8616~7
팩스	02)374-8614
이메일	gworldbook@naver.com
홈페이지	www.g-world.co.kr

ISBN 979-11-388-4956-2 (03810)

- 가격은 뒤표지에 있습니다.
- 이 책은 저작권법에 의하여 보호를 받는 저작물이므로 무단 전재와 복제를 금합니다.
- 파본은 구입하신 서점에서 교환해 드립니다.